ÉLOGE DE LA DIVERSITÉ SEXUELLE
de Michel Dorais
est le six cent trente-troisième ouvrage
publié chez
VLB ÉDITEUR
et le dix-septième de la collection
«Des hommes et des femmes en changement».

«DES HOMMES ET DES FEMMES EN CHANGEMENT»

Hommes et femmes s'interrogent sur leur condition et sur ce monde à changer. Comprendre les transformations qui affectent notre vie intime, en éclairer les enjeux et, si possible, orienter le changement plutôt que de le subir, voilà des défis bien actuels. À l'heure où les notions mêmes de féminité et de masculinité sont réévaluées, où les rôles traditionnels sont tantôt désavoués, tantôt idéalisés, où le privé devient politique et le politique rejoint le privé, de nouveaux questionnements émergent. Les ouvrages de cette collection leur font écho. Ils proposent le regard critique de témoins de notre époque, essayistes ou chercheurs, qui, chacun à sa façon, nous invitent à penser – et à agir – autrement.

VLB éditeur bénéficie du soutien du ministère du Patrimoine du Canada et de la Société de développement des entreprises culturelles du Québec pour son programme d'édition.

Nous remercions le Conseil des Arts du Canada de l'aide accordée à notre programme de publication.

ÉLOGE DE LA DIVERSITÉ SEXUELLE

du même auteur

La Sexualité plurielle, Montréal, Éditions Prétexte, 1982 (épuisé).

Les Enfants de la prostitution, avec une collaboration de Denis Ménard, Montréal, VLB éditeur, 1987.

L'Homme désemparé, Montréal, VLB éditeur, 1988.

Les Lendemains de la révolution sexuelle, Montréal, VLB éditeur, 1990.

Tous les hommes le font, Montréal, Le Jour, éditeur et VLB éditeur, 1991.

Une enfance trahie, en collaboration avec Christian André Séguin, Montréal, Le Jour, éditeur et VLB éditeur, 1993.

La Peur de l'autre en soi, en collaboration avec Daniel Welzer-Lang et Pierre Dutey, Montréal, VLB éditeur, 1994.

La Mémoire du désir, Montréal, VLB éditeur, 1995.

Ça arrive aussi aux garçons, Montréal, VLB éditeur, 1997.

Michel Dorais

ÉLOGE DE LA DIVERSITÉ SEXUELLE

vlb éditeur

VLB ÉDITEUR
Une division du groupe Ville-Marie Littérature
1010, rue de La Gauchetière Est
Montréal, Québec H2L 2N5
Tél.: (514) 523-1182
Téléc.: (514) 282-7530
Courrier électronique: vml@sogides.com

Maquette de la couverture: Christiane Houle
Photo de la couverture: Tony Stone Image/John Brown

Données de catalogage avant publication (Canada)

Dorais, Michel, 1954-

Éloge de la diversité sexuelle
(Des hommes et des femmes en changement)

ISBN 2-89005-715-1

1. Identité sexuelle. 2. Sexualité (Psychologie). 3. Masculinité. 4. Féminité. 5. Orientation sexuelle. I. Titre. II. Collection.

HQ21.D672 1999 305.3 C99-940936-0

DISTRIBUTEURS EXCLUSIFS:

• Pour le Canada et les États-Unis:
MESSAGERIES ADP*
955, rue Amherst
Montréal, Québec
H2L 3K4
Tél.: (514) 523-1182
Téléc.: (514) 939-0406
* Filiale de Sogides ltée

• Pour la France et les autres pays:
INTER FORUM
Immeuble Paryseine, 3, allée de la Seine
94854 Ivry Cedex
Tél.: 01 49 59 11 89/91
Téléc.: 01 49 59 11 96
Commandes: Tél.: 02 38 32 71 00
Téléc.: 02 38 32 71 28

• Pour la Suisse:
DIFFUSION: HAVAS SERVICES SUISSE
Case postale 69 - 1701 Fribourg - Suisse
Tél.: (41-26) 460-80-60
Téléc.: (41-26) 460-80-68
Internet: www.havas.ch
Email: office@havas.ch
DISTRIBUTION: OLF SA
Z.I. 3, Corminbœuf
Case postale 1061
CH-1701 FRIBOURG
Commandes: Tél.: (41-26) 467-53-33
Téléc.: (41-26) 467-54-66

• Pour la Belgique et le Luxembourg:
PRESSES DE BELGIQUE S.A.
Boulevard de l'Europe 117
B-1301 Wavre
Tél.: (010) 42-03-20
Téléc.: (010) 41-20-24

Pour en savoir davantage sur nos publications,
visitez notre site: **www.edvlb.com**
Autres sites à visiter: www.edhomme.com • www.edtypo.com
www.edhexagone.com • www.edutilis.com • www.edjour.com

Dépôt légal: 3e trimestre 1999
Bibliothèque nationale du Québec
Bibliothèque nationale du Canada

ISBN 2-89005-715-1

INTRODUCTION

Le piège des sexes

Piégés, nous le sommes par la notion même de sexe. Que nous parlions du sexe ou des sexes ne change pas grand-chose à cela. Dès que nous avons commencé à singulariser hommes et femmes, masculin et féminin, hétérosexuels et homosexuels, nous avons perdu de vue ce qu'était un être sexué dans sa complexité et ce qu'était une population dans sa diversité. Depuis l'invention (pour ne pas dire l'invasion) de la psychologie, puis de la sexologie, nous avons cru un peu trop facilement que notre sexualité et notre identité faisaient corps : plus moyen d'échapper à notre destinée. Elle serait inscrite dans nos gènes, dans nos hormones, dans notre cerveau, y compris dans nos fantasmes les plus secrets. L'idée que nous serions tout à la fois notre sexe (biologique), notre genre (social) et notre érotisme (fantasmatique) règne partout, dans les sciences comme dans la culture populaire et même dans le politique. Cette vision des choses entraîne des conséquences innombrables, quoique le plus souvent ignorées, gommées par notre adhésion aveugle aux façons de penser et de vivre imposées par une logique essentiellement binaire[1] en matière

1. Tout au long de cet ouvrage, j'appellerai « logique binaire » la tendance à classer le sexe, le genre ou l'érotisme des personnes en recourant à des catégories opposées qui s'excluent mutuellement.

d'identité et de sexualité. Échapper à cette logique omniprésente et aux intégrismes qui en découlent demeure un défi de taille tellement prédomine le conformisme des corps et des esprits.

Sous l'emprise d'une logique binaire

Nous vivons dans un régime d'apartheid sexuel: les femmes sont comme ceci, les hommes, comme cela; les hétéros, comme ci, les homos, comme ça; on se doit d'être masculin ou d'être féminin, toujours en conformité avec notre sexe biologique. Dans cette optique, chaque catégorie sexuelle est censée connaître un développement particulier sur les plans psychique, relationnel et culturel. Même les appels à l'égalité des mouvements féministes ou homosexuels de la première heure n'ont pas modifié cette croyance. Au contraire, certains mouvements de libération ont parfois évolué de façon à faire très paradoxalement cause commune avec le système qu'ils décriaient. Par exemple, l'idée qu'il existerait une essence féminine propre à toutes les femmes et une identité homosexuelle commune à tous ceux qui vivent l'homosexualité nous ramène aux discours les plus déterministes qui soient: nul ne peut échapper à sa «nature» profonde.

Les catégories de sexe, de genre et d'érotisme apparaissent encore aujourd'hui à ce point «naturelles», évidentes et indiscutables que la plupart d'entre nous se font un devoir de correspondre aux identités qui leur ont été assignées. D'après notre biologie, notre apparence ou nos attirances, nous sommes un homme ou une femme, un individu masculin ou féminin, une personne hétérosexuelle ou homosexuelle. Nous offrons généralement peu de résistance au grand découpage de l'humanité résultant de classifications binaires et simplistes que l'on suppose incontournables.

Il est vrai que la question de l'identité (qu'elle soit personnelle ou collective) taraude nos contemporains. Nous voulons savoir qui nous sommes. Plus : nous entendons affirmer ce que nous sommes. Comme l'identité se construit par un processus d'inclusion et d'exclusion, celle des uns sert de repoussoir aux autres. On est ce qu'on n'est pas. Ainsi, un homme n'est pas une femme, un hétérosexuel n'est pas un homosexuel et ainsi de suite.

Nous sommes construits par les identités auxquelles nous adhérons au moins autant que nous construisons nous-mêmes lesdites identités. Le développement de notre identité est non seulement une question de psychologie, d'options ou de conceptions personnelles, mais aussi de socialisation, d'influences subies, de conformisme, d'adaptation aux circonstances et aux aléas de la vie. L'identité n'est-elle pas le résultat de processus complexes et continus d'étiquetage (la perception des autres), d'autoétiquetage (la définition de soi) et de sentiment d'appartenance ? N'est-ce pas à partir de sa compréhension du monde et depuis la place qu'il y occupe ou qu'on lui accorde que chaque individu façonne son identité ? Ces interactions font en sorte que l'identité, sexuelle ou autre, est souvent plus fluide et labile qu'on voudrait bien le croire. L'identité ne va jamais de soi ; il faut, selon le point de vue, la construire ou y adhérer. La revendiquer aussi, semble-t-il. Pour ce faire, encore faut-il qu'elle soit claire, nette et définitive…

Rien ne choque – et, simultanément, ne fascine – davantage que la confusion ou l'indifférenciation sexuelles. Les ambigus sexuels sont l'objet de moqueries, de sarcasmes, de vexations. Ils suscitent aussi beaucoup de curiosité. On les trouve, au mieux, distrayants ou ridicules, au pire, monstrueux ou pervers, dans tous les cas, anormaux. Ne remettent-ils pas en question nos cadres cognitifs les plus usuels ? Dans le domaine de la sexualité humaine, le doute n'est guère permis. On est un homme ou une femme, on est masculin ou féminin, on est hétéro ou homo ; pas les deux à la fois, pas entre les deux, encore moins ni l'un ni l'autre. Chacun de nous devrait par conséquent se percevoir et se conduire de façon non équivoque, y compris dans sa plus stricte intimité. Notre sexualité étant considérée comme révélatrice de qui nous sommes fondamentalement, on ne saurait tolérer l'ambivalence. C'est pourquoi parents, proches, thérapeutes et institutions de toutes sortes se relayent quand il s'agit de mettre au pas les garçons et les filles qui s'avèrent non conformistes quant à leur sexe, leur genre ou leur érotisme. Et je ne parle pas des railleries qu'endurent les adultes qui sortent du rang. Qui songerait seulement à prendre la défense des personnes sexuellement ambiguës ?

Mêmes les études (du moins francophones) sur le sexe et le genre – que l'on doit pour la plupart à la mouvance féministe – sont souvent discrètes au sujet de l'ambiguïté et de la diversité sexuelles. Le sort des femmes bisexuelles ou homosexuelles est volontiers passé sous silence ; on s'intéresse peu aux androgynes, aux hermaphrodites et aux transsexuels des deux sexes. De façon générale, les recherches menées dans le champ de la sexualité reconduisent sans questionnement les dichotomies homme / femme, masculin / féminin, hétéro / homo. Enfin, les rares études s'intéressant au sort des hommes et du masculin sont encore, sinon embryonnaires, du moins marginalisées (je n'ose parler d'études masculinistes, tellement l'on donne maintenant, hélas, au terme « masculiniste » un sens péjoratif, comme si une telle perspective devait forcément s'opposer au féminisme[2]). Bref, en dépit de la richesse des champs d'études ouverts par les identités de sexe, de genre et d'érotisme, rares sont les voix qui s'élèvent pour questionner ou contester ces concepts.

Dans le présent ouvrage, j'entends prendre parti pour une intégration de l'ambiguïté et de la pluralité des sexes, des genres et des érotismes. Pour ce faire, je m'attaquerai aux poncifs et aux lieux communs qui ont cours, je brosserai un tableau du sort réservé aux dissidents de la logique binaire et j'esquisserai une « politique » (dans le sens d'une façon de voir et d'agir) de la diversité sexuelle. Curieuse semblera au premier abord l'idée de remettre en question les dichotomies

2. J. Barlow, « Hommes, libérez-vous ! », *Châtelaine*, juillet 1998.

homme/femme, masculin/féminin, hétéro/homo et de critiquer les idéologies qui les perpétuent. Ne saute-t-il pas aux yeux que ces catégories existent depuis que le monde est monde (du moins, nous semble-t-il)? Est-il seulement possible qu'il en soit autrement?

Je me suis, en fait, autorisé à dire tout haut ce que j'ai pressenti au cours de vingt ans de consultation, de recherche et d'enseignement dans le domaine de la sexualité humaine et de l'intervention psychosociale. S'il est une conviction que je n'arrive plus à taire, c'est que notre façon dualiste de concevoir la sexualité est étriquée, réductrice, désuète. Les catégories de sexe bricolées par nos ancêtres et reprises tant bien que mal par nos contemporains n'arrivent plus à rendre compte de la diversité humaine. Nous en sommes arrivés à les ériger en absolus qui nous enferment dans des ghettos psychiques et relationnels (quand ce n'est pas géographiques) qui nous retiennent prisonniers malgré nous.

Maintenant que les mouvements féministes et les mouvements homosexuels, en particulier, ont à bon droit bousculé certaines habitudes, il est plus que temps de nous interroger sur notre conception même de la sexualité humaine. Force est de constater que, malgré leur impact, ces mouvements féministes et homosexuels n'ont guère instauré de nouveaux repères identitaires. Au contraire, leurs discours ont parfois servi à conforter les catégories traditionnelles de sexe, de genre et d'érotisme; par exemple, en insistant sur la spécificité des femmes ou des personnes homosexuelles. Cette logique est même allée jusqu'à promouvoir de nouvelles formes de ségrégation, comme si les prétendues polarités homme/femme, masculin/féminin ou hétéro/homo étaient éternelles, fondamentales, irréductibles. Or, il ne saurait exister de société véritablement égalitaire, non sexiste et non hétérosexiste, sans intégration de toute la gamme des ambiguïtés et des différences de sexe, de genre et d'érotisme.

À force de considérer comme antagonistes hommes et femmes, genre masculin et genre féminin, hétérosexuels et homosexuels, nous en sommes venus à présenter comme naturelles ou universelles des différences qui sont au moins autant, sinon davantage, situationnelles, culturelles et historiques. Nous oublions que nous sommes le produit d'une histoire non seulement personnelle mais aussi familiale, sociale, collective. Cette perspective aveugle aboutit souvent à un fatalisme auquel il semble difficile, voire impossible, d'échapper. Par exemple, les femmes seraient toujours les victimes des hommes (et uniquement des hommes), les homos seraient toujours les boucs émissaires des hétéros (et uniquement des hétéros), etc. Et vice versa, aussi, quand ceux et celles qui se sentent ainsi attaqués ripostent. *Ad nauseam.*

Si justifiés et légitimes ou si exagérés et farfelus que paraissent – selon le point de vue – les discours sur les inégalités de sexe, de genre et d'érotisme, ils contribuent encore trop peu à l'élaboration de solutions pratiques aux problèmes qu'ils (d)énoncent. Parce que la question des différences sexuelles est mal posée. En effet, les catégories dichotomiques auxquelles on fait alors appel enferment la pensée, biaisent la réflexion et bloquent la créativité. Les effets conjugués de la libération sexuelle et des mouvements sociaux porteurs de changement en ce qui concerne la condition des femmes et des hommes n'ont pas réussi à ébranler le système binaire de classification sexuelle. Au contraire, ce dernier semble plus fort que jamais, bien que ses stratégies de légitimation et de survie évoluent, s'adaptant aux modes et aux idéologies du moment pour conforter les mêmes préjugés, les mêmes stéréotypes et les mêmes conceptions plus ou moins rigides de la normalité.

Pourtant, nos catégories sexuelles n'apparaissent-elles pas plus que jamais dépassées par les réalités mêmes qu'elles prétendent cerner ? Classer les êtres humains selon qu'ils sont hommes ou femmes, masculins ou féminins, hétéros ou homos est certes pratique, mais n'est-ce pas, à l'évidence, réducteur ? Tous les représentants d'un sexe n'ont ni les mêmes comportements, ni les mêmes conditions de vie, ni les mêmes intérêts. De plus, les caractéristiques dites masculines ou dites féminines n'appartiennent pas exclusivement aux sexes auxquels elles sont censées correspondre respectivement. Enfin, la supposée scission entre l'homosexualité et l'hétérosexualité n'a pas la même signification ni la même portée selon que l'on parle de désirs, de fantasmes, de conduites amoureuses ou sexuelles, d'érotisme ou d'identité. Cela montre bien que cette prétendue dichotomie n'opère pas toujours de la même façon et surtout qu'elle n'a rien de prévisible ou d'automatique.

Plus que jamais peut-être, la sexualité humaine se trouve aujourd'hui morcelée en identités séparées, exclusives, voire antagonistes. De ce fait, elle est fréquemment source de débats et de divisions entre les hommes et les femmes, les « masculinistes » (pro-féministes ou non) et les féministes, les hétérosexuels et les homosexuels, pour ne nommer que ceux-là. Dans une idéologie d'apartheid sexuel, la séparation devient la règle. Le masculin d'un côté, le féminin de l'autre. Les hommes d'un bord, les femmes de l'autre. Les hétérosexuels à droite, les homosexuels à gauche. Quant à l'entre-deux, le confus, l'ambigu, le « trans » – qu'on l'appelle comme on voudra –, il n'est guère toléré. Pire : on fait volontiers comme s'il n'existait pas. Nous sommes – et nous devrions demeurer – dans l'un ou l'autre camp d'un monde à jamais bidimensionnel. Pas question de jeter des passerelles entre des identités réputées opposées, et encore moins de creuser des tunnels clandestins...

De toute façon, les délinquants que sont les androgynes, les entre-deux, les hommes féminins, les femmes masculines, les transgenrés (*drag queens, drag kings* ou travestis), les hermaphrodites, les transsexuels, les homosexuels, les bisexuels et autres *queers*[3] des deux sexes sont vite dépistés et surveillés,

3. Terme d'origine anglophone de plus en plus employé par ceux et celles qui réclament le droit de vivre la diversité sexuelle sans discrimination ni étiquetage.

devenant sujets d'appréhension ou objets de réadaptation. La sexualité, qui peut être l'expérience la plus ludique qui soit, devient gravissime et inquiétante quand la science, la religion ou la politique s'en mêlent. On ne badine pas avec le sexe et encore moins avec les catégories ou les étiquettes qui ont traditionnellement servi de repères dans ce domaine. Les personnes que l'on considère hors norme éprouvent souvent des difficultés à être en harmonie avec elles-mêmes ou avec leur proches du seul fait de l'intolérance qu'elles subissent au quotidien.

En montrant l'inanité de la pensée dualiste et surtout l'éventail des possibles que renferment nos identités de sexe, de genre et d'érotisme, j'entends m'attaquer à des notions, à des stéréotypes et à des tabous qui figurent parmi les plus répandus et les mieux implantés dans notre culture. J'aimerais pourtant que mes propos interrogent ou instruisent davantage qu'ils ne choquent. Mon intention est de provoquer la réflexion et la remise en question; pas de remplacer un dogmatisme par un autre. Apporter de nouvelles réponses ne suffit pas. Il importe de poser autrement certaines questions relatives à notre identité en tant qu'êtres sexuels et sexués.

Des intégrismes identitaires

Les premières paroles que nous entendons en venant au monde concernent notre sexe: «C'est un garçon» ou «C'est une fille». Notre sexe est la première chose que nos parents et nos proches connaissent de nous; ils l'apprennent souvent même avant que nous naissions grâce à une échographie du fœtus. Il arrive qu'il y ait des ambiguïtés, mais les médecins font tout pour que les choses rentrent dans l'ordre dès que possible, quitte à assigner erronément un sexe à l'enfant, quitte à avoir recours à de multiples chirurgies pour le rendre par la suite conforme au sexe qu'on lui avait attribué à la naissance. La (re)connaissance de notre sexe biologique constitue notre toute première pièce d'identité.

Le fait que nous soyons une fille ou un garçon va immédiatement orienter le regard que les adultes vont porter sur nous et, par voie de conséquence, le traitement qu'ils vont nous réserver. Même l'inconnue qui s'avance vers le landau où repose un bébé pour lui faire risette s'enquiert tout de suite de son identité: « C'est un petit garçon ou une petite fille ? » Comme on s'attend à ce qu'un garçon soit masculin et qu'une fille soit féminine – fussent-ils encore des nourrissons –, tout est mis en œuvre pour s'assurer qu'il n'y ait pas d'erreur d'identification possible: le choix des vêtements, des jouets et même de la couleur de la chambre du bébé, par exemple, est considéré comme stratégique pour éviter toute possibilité de confusion. Les parents qui seraient le moindrement excentriques ou contestataires sur ce plan encourent la réprobation générale: « Vous savez ce qui risque d'arriver si vous laissez votre garçon prendre goût aux poupées ? » ou encore « Vous allez faire un garçon manqué de votre fille si vous la laissez agir comme ça... »

Si jeune soit-il, un enfant ne peut être neutre et encore moins ambigu ou androgyne. Les garçons sont d'office réputés masculins et les filles, féminines. C'est un automatisme, une attente qui semble évidente. Notre genre, qui, contrairement à notre sexe biologique, est d'ordre psychologique (un sentiment d'appartenance), culturel et social (les attentes et le regard des autres), précise et confirme qui nous sommes en tant qu'être sexué. À ce titre, il constitue assez tôt notre seconde pièce d'identité.

Les années passent. Dès le début de l'adolescence, sinon bien avant, nos parents et nos proches anticipent nos premiers émois érotiques. On dira d'un beau garçon qu'il brisera le cœur des filles ; on dira d'une belle fille qu'elle fera tourner la tête de bien des garçons. Résultat jadis attendu de la puberté, l'attrait pour l'autre sexe en est aujourd'hui le point d'ancrage. Il n'est pas rare que la sexualisation à outrance des enfants fasse en sorte que l'on s'attende à ce qu'ils aient des béguins pour des camarades de l'autre sexe dès leur entrée à la petite école, voire dès la maternelle. On sait bien que des imprévus peuvent toujours survenir, que certains et certaines évolueront autrement qu'on avait espéré, mais cela ne change rien à la croyance générale : on est normalement attiré vers des personnes de l'autre sexe ET de l'autre genre. Ainsi, en dépit d'une certaine évolution des mentalités, l'homosexualité est encore souvent perçue comme une issue plus ou moins malheureuse (tant mieux tout de même si la personne finit par s'accepter telle qu'elle est...). Pire est le jugement porté sur les jeunes ambigus, indécis, ambivalents, bref sur ceux et celles qui n'arrivent pas à pencher clairement d'un côté ou de l'autre, comme on dit. Cette confusion vient brouiller l'établissement définitif de leur carte identitaire, puisque l'identité érotique (aussi appelée orientation sexuelle) est censée constituer le troisième et dernier élément de notre identité privée. Essentiellement relationnelle, cette identité érotique est déterminée par la façon dont un individu se définit en raison de ses attirances sexuelles : Qui m'attire ? Et, en fonction de cela, suis-je plutôt hétérosexuel ou plutôt homosexuel ?

Qu'il s'agisse du sexe, du genre ou de l'érotisme, nos trois repères identitaires sont réputés binaires : on est un homme OU une femme, on est masculin OU féminin, on est hétéro OU homo. Les tenants d'une conception dualiste de la sexualité humaine professent qu'il existe deux sexes, deux genres qui s'y superposent exactement et deux orientations sexuelles antagonistes qui parachèvent et consacrent ces distinctions. Par-delà les deux modèles privilégiés par notre culture – un homme masculin hétérosexuel, une femme féminine hétérosexuelle –, il existe toutefois plusieurs permutations possibles des trois cartes de l'identité sexuelle. Une femme peut être plus ou moins masculine ; un homme peut être plus ou moins féminin. Quant à l'homosexualité, elle est le fait de nombre d'hommes et de femmes, peu importe leur identité de genre ; malgré les stéréotypes les plus courants, il existe des hommes homosexuels plutôt machos et des femmes lesbiennes hyperféminines, du moins selon nos standards culturels. Sans doute, les femmes lesbiennes masculines et les hommes homosexuels féminins sont encore plus visibles et plus dérangeants parce qu'ils transgressent davantage les conventions : il y a là deux dissonances plutôt qu'une. Ces personnes ne sont ni du genre ni de l'identité érotique que l'on attendait d'elles en raison de leur sexe. Mais tout le monde s'entend pour les trouver tout de même moins bizarres que les ambigus ou les entre-deux, c'est-à-dire ceux ou celles qui ne sont ni hommes ni femmes, qui sont à la fois masculins et féminins, qui ne sont ni tout à fait homos ni tout à fait hétéros ou les deux à la fois. Parce qu'ils s'écartent de notre conception binaire de la sexualité, les individus qui échappent à nos catégories de sexe, de genre ou d'érotisme risquent de semer l'anarchie dans nos cerveaux, quand ce n'est pas dans nos vies.

En tenant compte uniquement des trois éléments que nous venons de décrire, on voit bien qu'un certain nombre de permutations et de combinaisons sont possibles d'après le sexe, le genre et l'orientation érotique d'une personne et d'après le sexe, le genre et l'orientation érotique de ses partenaires. Sans oublier, bien sûr, qu'il existe plusieurs façons d'être un homme ou une femme, d'être masculin ou féminin, d'être hétéro ou homo. Sans oublier, non plus, qu'il y a souvent discontinuité, fluidité ou flottement des identités, des désirs et des conduites au cours de la vie d'un même individu (nous n'érotisons généralement pas les mêmes personnes à quarante-cinq ans qu'à quinze ans). La sexualité est une réalité mouvante et complexe.

Si la logique binaire est la clé de voûte du système de classification sexuelle qui prévaut, le découpage qu'elle impose entretient des idéologies déterministes que j'appellerai intégrismes ou fondamentalismes identitaires. L'intégrisme identitaire, c'est la croyance selon laquelle l'identité de sexe, de genre ou d'érotisme de chaque individu est l'émanation d'une essence propre à la catégorie à laquelle il appartient. TOUTES les femmes sont... ; TOUS les hommes sont... ;

TOUS les êtres masculins sont... ; TOUS les êtres féminins sont... ; TOUS les hétérosexuels sont... ; TOUS les homosexuels sont... L'intégrisme détient LA réponse à toute question existentielle ; mieux, il prétend détenir l'unique vérité. Le fondamentalisme identitaire est par conséquent tout aussi dangereux que le fondamentalisme religieux ou politique. Ces courants obéissent tous à la même logique : hors de l'idéologie implacable qui les anime, point de salut. En voulant obliger tous les hommes et toutes les femmes à se conformer aux modèles de sexe, de genre et d'érotisme proposés par la religion, l'État, la science ou encore par certains groupements idéologiques ou sociaux, on en arrive à faire violence, sur les plans symbolique, psychique ou physique à tous ceux et à toutes celles qui s'écartent de LA norme édictée.

Les tenants du fondamentalisme identitaire veulent non seulement nous persuader que les catégories homme / femme, masculin / féminin ou hétérosexuel / homosexuel sont « naturelles » et forcément opposées, mais aussi nous obliger à vivre selon ces préceptes. Toute transgression est dès lors perçue non pas comme une variation, voire une légitime dissidence, mais comme un problème personnel relevant de la biologie, de la psychologie, de la médecine ou de la loi. Plutôt que de concevoir les singularités ou les dissonances observables chez les êtres sexués comme les signes évidents que le système binaire ne fonctionne pas, on interprète, au contraire, ces manifestations comme des déviances individuelles et on les traite en conséquence.

En somme, la pensée binaire et ses idéologies intégristes ou fondamentalistes véhiculent l'idée que notre identité doit être stable et non équivoque. Sinon, les risques encourus sont légion : autant une identité correcte est censée provoquer une conduite correcte, autant une identité ambiguë est réputée entraîner une conduite anormale. L'anticonformisme est non seulement louche, mais malsain. Au besoin, thérapies, réclusions ou réadaptations seront prescrites et même imposées.

L'ostracisme guette de toute façon ceux et celles qui s'éloignent un peu trop des sentiers battus : le petit garçon féminin sera le premier à être battu ou « taxé » par ses camarades à l'école ; la jeune fille soupçonnée de lesbianisme risque d'être violée « pour lui faire comprendre ».

Le fondamentalisme identitaire qui sévit dans toute notre culture nie la normalité même de la diversité sexuelle pour défendre une vision étriquée, réductrice et intolérante de ce qu'est ou devrait être une personne équilibrée. La machine à normaliser les conduites qu'il met en place ressemble à un lit de Procuste : est charcuté tout ce qui dépasse. Quand il est question de sexualité, la créativité, l'originalité, la différence ou la dissonance sont volontiers ostracisées, interdites, refoulées, punies. Dans un tel contexte, la tolérance finit par apparaître comme une vertu, alors qu'elle n'est que condescendance. Ainsi, malgré certaines remises en question effectuées par les mouvements féministes ou homosexuels, l'idée que la masculinité convient mieux à un homme, la féminité à une femme, et l'hétérosexualité exclusive à toute personne normalement constituée est rarement mise en doute. Si l'on parle plus souvent de nos jours de variations sexuelles ou de comportements minoritaires que de déviations ou de perversions, subsiste pourtant l'idée qu'il existe une référence universelle. Enfin, il est très rare que l'on remette en cause la notion même de polarité sur laquelle se fondent nos jugements et nos concepts en matière de sexualité.

Soutenant le fondamentalisme identitaire, les représentations dichotomiques du sexe, du genre et de l'érotisme traversent toutes les sciences humaines et sociales, qu'il s'agisse de la psychologie, de la psychiatrie, de la biologie, de la sexologie, de la sociologie, etc. Le système binaire est présenté comme une donnée brute, émergeant de la Nature elle-même. On oublie que c'est l'esprit humain qui catégorise, pas la Nature. Selon le point de vue dominant, les caractéristiques biologiques ou même psychiques d'une personne l'apparentent d'emblée – et pour toute sa vie, irrémédiablement – à un groupe « naturel » déterminé : les hommes ou les femmes, les êtres masculins ou les êtres féminins, les hétéros ou les homos. Cela ne saurait être discuté. Si nombreuses soient-elles, les personnes qui, par leur existence même, contredisent ce dogme sont perçues comme des cas particuliers, des phénomènes, sinon comme des monstres. Toute ambiguïté est par conséquent perçue comme une aberration, une erreur qu'il importe de comprendre, certes, mais surtout de corriger et, si possible, d'éviter.

En ce qui concerne l'explication de la diversité sexuelle, nous en sommes encore à la préhistoire. On n'a qu'à lire ce qui se publie sur les différences supposées fondamentales entre hommes et femmes, entre le masculin et le féminin, entre homos et hétéros pour s'en convaincre. « Les hommes viennent de Mars, les femmes de Vénus », titre un best-seller de psychologie populaire, illustrant bien la tendance consacrée. La plupart des théories en vogue reproduisent en effet les clichés les plus éculés. On s'en remet aux ineffables différenciations biologiques, avec le discours intégriste d'usage : il faut obéir à la Nature. Sinon, gare ! On a recours à des théories sans cesse rafistolées pour nous convaincre des origines divergentes du masculin et du féminin, et pour conclure à l'étanchéité de ces catégories. C'est sans compter, évidemment, les multiples écrits et recherches sur les origines des tendances sexuelles dites minoritaires, études qui s'acharnent le plus souvent à démontrer qu'il s'agit de malencontreuses erreurs de la Nature (parfois secondée par la Culture, il est vrai, mais à la condition expresse que cette dernière soit alors aussi démonisée que la Nature est déifiée[4]...).

À force de reproduire les interprétations des « grands penseurs » du passé dans le domaine de la sexualité, on oublie qu'il est possible de faire comme eux : se donner le droit de

4. Les appels de la droite au resserrement de la morale – ou tout au moins ce que l'on présente comme tel – ne manquent jamais quand il est question de reconnaître la diversité sexuelle.

redécouvrir et de comprendre le monde autrement, par-delà le déjà-vu et le prêt-à-penser. Point n'est besoin d'être un scientifique de renom pour constater que la vie sexuelle de nos contemporains s'accorde rarement avec les théories simplistes et passéistes que l'on nous propose aujourd'hui. Il suffit de regarder autour de nous, d'écouter, d'observer et de réfléchir (c'est encore permis).

Curieusement, la littérature et le cinéma ont sans doute fait davantage pour la (re)connaissance de la diversité sexuelle que les théories parfois fumeuses des experts de tout acabit. Par exemple, des ouvrages comme *Le Langage perdu des grues*, de David Leavitt ou *Le Fonctionnaire du nu* de Quentin Crisp, ou encore des films comme *Priscilla, reine du désert* ou *Ma vie en rose* touchent de plus près les aléas mais aussi les richesses de la vie sexuelle que la majorité des ouvrages publiés sur la bisexualité, l'homosexualité, le travestisme et la transsexualité. Tant sur le fond que sur la forme, les créateurs de ces petits chefs-d'œuvre de nuance et d'intelligence ont su nous sensibiliser aux aspects complexes (tantôt ludiques, tantôt tragiques) de la sexualité humaine. En cela, ils sont les nouveaux explorateurs du seul territoire qui restera toujours à découvrir : notre monde intérieur et celui de nos semblables. Mais pourquoi donc les créateurs ont-ils parfois plusieurs longueurs d'avance sur la majorité des scientifiques dans la compréhension fine des réalités affectives et sexuelles ?

Malheureusement, la science ne fait plus désormais partie de la culture. La science est même contre la culture, ou du moins en retard sur cette dernière, lorsqu'elle persiste à nier la diversité sexuelle. Plus souvent qu'autrement, ses discours sonnent faux, quand ils ne sont pas imprégnés de relents d'intolérance ou de condescendance hérités d'une autre époque. En matière de sexualité, la science est trop souvent devenue non plus un outil d'exploration ou d'enchantement du monde, mais un moyen de diffuser des idéologies, fussent-elles réactionnaires et oppressives. Les honnêtes gens ont moins besoin qu'on leur dise ce qu'est un homme ou une femme (ne sont-ils pas en mesure de le constater par eux-mêmes?) qu'on leur permette de découvrir les possibles de leur humanité. La vraie science n'est-elle pas la connaissance qui se construit à partir de l'expérience (celle d'autrui autant que la nôtre)? Malheureusement, le sens de la diversité nous échappe. Tant sur le plan personnel que sur le plan collectif, nous ne savons qu'en faire. Il est plus facile d'y voir des manifestations d'anormalité ou de perversité que l'expression de différences infinies, plus ou moins subtiles et, somme toute, légitimes. Dire de quelqu'un qui diffère de nous qu'il est anormal ou pervers nous épargne l'effort de saisir une logique ou un univers autres – fussent-ils fascinants.

À bon droit, on a fait grand cas au cours des dernières années de l'intégration des diversités ethniques. Cet accent mis sur les différences venues de l'extérieur ne doit pas nous faire oublier les différences multiples qui existent à l'intérieur d'une même culture ou sous-culture. J'ai parfois été estomaqué de constater à quel point certains ardents défenseurs des droits des minorités dites ethniques, sociales ou politiques étaient des plus indifférents face aux droits des minorités dites sexuelles de leurs propres groupes d'appartenance. Comme si plus l'autre « différent » était proche – dans tous les sens du terme –, plus cela pouvait créer de l'inconfort, voire de l'intolérance. Peu de gens se précipitent pour défendre les sans-voix ou les sans-papiers de ce que l'on appelle – et c'est très éloquent – les minorités sexuelles, cela d'autant plus que ces dernières sont toujours soupçonnées de regrouper des individus un peu louches, pas tout à fait réglos...

Il n'y a pas seulement une séparation arbitraire entre les catégories de sexe: il existe aussi une hiérarchie entre ces catégories. Après avoir divisé les sexes, les genres et les érotismes, on les décline en ordre hiérarchique. Comme le disent les grammairiens, le masculin l'emporte sur le féminin. Le statut d'homme est préférable à celui de femme sur une bonne partie de la surface du globe, même après des décennies de féminisme. Intégristes religieux et intégristes identitaires se donnent volontiers la main quand vient le temps de s'opposer à l'abolition des traditions. L'hétérosexualité procure par ailleurs des privilèges en partie ou en totalité (selon les contrées) refusés à l'homosexualité. Même le retrait de l'homosexualité de la liste des maladies mentales au début des années soixante-dix n'a pas empêché que l'efféminement d'un garçon ou la masculinité apparente d'une jeune fille deviennent des problèmes de santé mentale[5]. Ce qui était accordé d'un côté aux adultes (la « dépathologisation » de l'homosexualité) était retiré d'un autre côté, puisque l'on s'est mis à accorder de plus en plus d'importance aux comportements présumés non conformes des enfants et des adolescents quant à leur sexe ou leur genre. En Amérique, les cliniques pour les enfants et adolescents ainsi étiquetés se multiplient. Les *sissy boys* (garçons féminins) et les filles *tomboys* (c'est-à-dire aux tendances masculines) font le désespoir de leurs parents et la fortune de leurs thérapeutes.

Quels qu'ils soient et où qu'ils se trouvent, les tenants du conformisme et de l'intégrisme sexuels voudraient, en somme, un monde uniforme et prévisible. Pour eux, le meilleur des mondes est un monde dans lequel nous sommes condamnés non seulement au mimétisme mais aussi à l'ennui. Paradoxalement, un monde où prévaut la ressemblance est plus un monde « homo » – où prévaut le même – qu'un monde « hétéro », où prévaut le différent, l'Autre. Tous pareils dans nos sexes, nos genres et nos érotismes préfabriqués, que nous resterait-il à apprendre les uns des autres ?

---

5. Attention : je ne dis pas que les jeunes qui vivent l'homosexualité adoptent forcément un genre supposément caractéristique de l'autre sexe. Ce n'est pas le cas. J'affirme seulement que ceux qui sont non conformistes quant à leur genre risquent davantage d'être la cible des intégristes.

PREMIÈRE PARTIE

Évadés de la prison des sexes

À propos des identités de sexe

Le sexe auquel nous appartenons passe pour être la donnée la plus évidente et la plus naturelle qui soit. Erreur. D'abord parce que la Nature elle-même est moins portée au classement binaire et exclusif que nous ; ensuite parce qu'il n'est pas certain, ni même évident, que le grand partage du monde en deux – hommes et femmes – soit aussi logique et légitime qu'on l'a toujours professé. Non seulement est-il possible de s'interroger sur la dichotomie homme / femme, mais un tel questionnement est nécessaire pour comprendre et combattre le sexisme, y compris dans ses manifestations les plus inattendues et les plus pernicieuses. C'est en effet au sujet de l'identité de sexe que l'intégrisme identitaire se montre le plus intraitable.

CHAPITRE PREMIER

Sommes-nous notre sexe ?

Nous avons tous rempli à maintes reprises de ces formulaires dans lesquels on nous demande d'identifier le sexe auquel nous appartenons. Deux possibilités sont prévues : masculin ou féminin. Ou encore : homme ou femme. Facétieux, j'ai parfois envie d'ajouter une troisième case de mon cru. Non parce que je doute de mon sexe, mais parce que je ne comprends pas pourquoi cette donnée peut encore avoir aujourd'hui quelque importance. En fait, je suis surpris qu'après des décennies de lutte au sexisme, en particulier dans les institutions publiques, l'identification de notre sexe soit encore une donnée primordiale.

Les débats autour de la parité numérique entre hommes et femmes en politique ou dans les universités fournissent un bel exemple des questionnements que suscite encore le fait de considérer le sexe d'une personne comme sa caractéristique la plus déterminante. L'égalité des hommes et des femmes est évidemment un objectif auquel je souscris sans réserve. Toutefois, je me demande si le fait d'écarter ou de favoriser des candidats à un poste public ou à un emploi d'enseignant universitaire simplement parce qu'ils sont des hommes ou des femmes ne risque pas de remplacer une discrimination par une autre, avalisant de surcroît la division des sexes au lieu de la transcender.

Les politiques et les programmes d'accès à l'égalité dans l'emploi pour les femmes sont fondés sur un principe louable : s'assurer qu'elles accèdent le plus vite possible à certains postes, desquels elles étaient jadis tenues éloignées, et cela dans une proportion qui reflète leur importance numérique et leur contribution à la société. Afin de réaliser cet objectif, on convient logiquement qu'à compétence égale les femmes doivent être favorisées pour l'embauche. Une telle mesure est actuellement en vigueur dans les universités québécoises. Le problème survient non pas de l'esprit d'une telle politique, mais de son application parfois assez discutable. Ainsi, certains départements universitaires écartent d'emblée les candidats masculins (ou tout au moins ceux qui par leur diplômation ou leur expérience risquent de porter ombrage à des candidatures féminines). À la suite de plaintes de candidats ainsi éliminés, des départements ont dû annuler des embauches, leurs propres critères de sélection n'ayant pas été respectés. À l'encontre d'une politique officielle qui prétendait qu'à compétence égale les femmes auraient l'avantage, on avait retenu la femme la plus compétente en ne tenant pas compte des candidats masculins. Cela s'appelle de la discrimination. N'est-il pas inquiétant qu'une politique qui vise expressément à mettre fin à une forme de discrimination soit pervertie au point d'en produire une autre à son tour ?

Évaluer ou engager une personne en raison principalement de son sexe est un procédé paradoxal dans une société qui entend combattre le sexisme. En postulant d'une part que les hommes et les femmes appartiennent à des espèces différentes et d'autre part que tous les hommes se ressemblent autant que toutes les femmes se ressemblent, on tombe dans un essentialisme et un déterminisme aussi désolants que mensongers. Pire, on feint d'ignorer que toutes les femmes et tous les hommes n'ont pas les mêmes conditions de vie, les mêmes valeurs, les mêmes compétences ou les mêmes intérêts. Il ne suffit pas d'être une femme ; il ne suffit pas d'être un homme. Ce n'est rien de plus qu'une dénomination, pratique pour certains, dépassée pour d'autres.

Personne ne doute que les femmes ont longtemps été discriminées de façon quasi systématique dans l'accès à l'éducation supérieure et aux postes publics ou politiques. Le rattrapage requis est néanmoins en train de se faire, sans qu'on ait eu besoin d'artifices. Au Québec, par exemple, les filles poursuivent désormais leurs études plus longtemps que les garçons et constituent plus de la moitié des effectifs universitaires. Actuellement, une femme sur cinq possède un diplôme universitaire, alors qu'un homme sur six en a un. La même tendance est partout observée en Amérique du Nord. On peut donc prévoir que, dans un futur proche, la présence très significative des femmes se fera sentir dans tous les secteurs de la société, et ce, sans qu'il soit nécessaire d'effectuer quelque « discrimination positive » ou quelque favoritisme que ce soit à leur endroit.

Le fait de vouloir favoriser à tout prix des candidatures féminines donne paradoxalement à penser que les femmes ne sont pas vraiment « compétitives », que ce soit sur le plan intellectuel ou sur le plan du travail (ce qui est évidemment faux). Plusieurs femmes avec lesquelles je me suis entretenu de cette question considèrent avec les plus vives réticences le fait qu'on leur donne constamment l'impression qu'elles ne seront jamais les égales des hommes si elles ne sont pas artificiellement « protégées ». Cette attitude paternaliste (ou maternaliste, au choix) ne rend pas justice à leur détermination et à leur compétence. Ces femmes veulent être traitées avec justice, se sentir à égalité avec les hommes et non être considérées comme une « minorité » qu'il s'agit d'intégrer socialement.

Dans le domaine politique, les choses évoluent plus lentement mais sûrement. Dans le comité des priorités du cabinet ministériel québécois en place au moment d'écrire ces lignes, il y a trois hommes et trois femmes. Certes, cela ne reflète pas forcément l'ensemble de la députation, mais c'est un signe qui ne trompe pas : la politique n'est plus seulement une affaire d'hommes. Même en France, pays qui affiche un retard certain dans le nombre de femmes occupant des postes politiques, mesdames les ministres ont tenu tête aux diktats de l'Académie française: les femmes étant là pour rester et n'étant plus des exceptions, aussi bien s'habituer à la féminisation de leur titre.

J'ai souvent entendu invoquer les charges de la maternité pour défendre l'idée d'une discrimination positive à l'endroit des femmes. Le hic, c'est que cet argument ne tient pas la route bien longtemps. Dans le monde dans lequel nous vivons, il y a nombre de femmes célibataires sans enfants et un nombre croissant d'hommes (qu'ils soient mariés, divorcés ou célibataires) qui ont, en partie ou en totalité, la charge d'enfants. Si l'on veut vraiment encourager un rattrapage professionnel pour ceux et celles qui ont élevé des enfants, il faut donc le faire sur la base de la parentalité et non sur la base du sexe.

Dans le même ordre d'idées, le fait que les jeunes femmes aient besoin de modèles diversifiés est évident; les hommes aussi, du reste, ont tout avantage à voir éclater les carcans de la masculinité, y compris sur le plan du travail. Mais cela doit-il signifier pour autant que les emplois non traditionnels doivent désormais être privilégiés? Ou encore que les postulants du sexe minoritaire dans certains emplois doivent être systématiquement avantagés? Cela impliquerait qu'il y ait désormais deux catégories de travailleurs et travailleuses: ceux ou celles qui ont été engagés principalement en raison de leur compétence et ceux ou celles qui ont été engagés principalement en raison de leur sexe (dont la compétence sera par conséquent plus facilement remise en question, le cas échéant).

Ses institutions reflètent, pour le meilleur ou pour le pire, l'état d'une société. Cela est particulièrement vrai en ce qui concerne les rapports entre les sexes. On peut penser qu'en ravalant la façade de certaines institutions (universités, partis politiques ou parlements), on donnera l'impression que l'égalité est atteinte, soulageant ainsi quelques bonnes consciences. Mais on peut aussi changer réellement les choses en faisant en sorte que les conditions personnelles, familiales, économiques, sociales et politiques qui ont maintenu beaucoup de femmes dans un état d'infériorité ou de dépendance soient durablement transformées. Le changement réel est à ce prix. Il ne suffit pas que quelques femmes réussissent ou, pire, servent d'alibi pour affirmer que l'égalité est chose faite.

Il y a plus encore: les femmes ne sont pas toutes égales entre elles. Les hommes non plus, du reste. Dans les deux camps, il y a des personnes plus privilégiées ou plus opprimées que d'autres. En parlant toujours des femmes en général et des hommes en général comme s'il s'agissait de groupes uniformes, on crée un universel illusoire, niant ainsi les différences de conditions sociales ou de rapports de pouvoir, par exemple. Il n'y a pas LA femme ou L'homme, mais des femmes et des hommes qui ont tous leur histoire singulière, leur milieu et leurs conditions de vie, leurs cultures d'appartenance, leurs propres rapports avec d'autres femmes et d'autres hommes. Aucun homme n'est prototypique de tous les autres; aucune femme n'est représentative de toutes les autres. Ni les hommes ni les femmes ne constituent un groupe homogène, si tant est qu'ils ou elles constituent des catégories exclusives. Il y a vraisemblablement autant de diversité à l'intérieur du groupe «femmes» qu'à l'intérieur du groupe «hommes». Il est quelquefois bon de le rappeler afin d'éviter de séparer le monde de façon trop manichéenne.

Tout le monde pouvant être d'une façon ou d'une autre associé à une minorité opprimée, la logique de l'action positive en matière d'emploi ou de nomination peut conduire à des absurdités. Par exemple, est-ce qu'une femme célibataire, hétérosexuelle et sans enfant, issue d'un milieu bourgeois, mérite plus d'occuper un emploi ou un poste électif qu'un homme divorcé, monoparental, homosexuel, issu d'un milieu défavorisé? Aussitôt que l'on remplace les mérites ou les talents d'une personne par des considérations se rattachant à son ou ses groupes d'appartenance, tous les *a priori* sont possibles. On n'évalue plus un invididu, mais un stéréotype.

Nous sommes plus que notre sexe: est-il besoin de le répéter? Seule une société sexiste comme le fut la nôtre a pu accorder autant d'importance au sexe d'appartenance des individus et ce, au détriment de multiples caractéristiques physiques, psychologiques, relationnelles et autres. Aussi est-il paradoxal de faire du prétendu bipartisme sexuel un facteur de discrimination, alors même que l'on entend lutter contre ses effets. Si l'on croit vraiment que les hommes et les femmes sont égaux, il importe de les traiter équitablement et de faire en sorte qu'ils aient accès aux mêmes ressources et aux mêmes avantages afin de se développer pleinement comme individus. Cela signifie que nous devons abandonner l'obsession procédurière et statistique du 50/50. La diversité des hommes et des femmes devrait pouvoir s'exprimer partout et dans tous les domaines. Je me moque de savoir si la personne qui me représente sur le plan politique ou qui enseigne à mon enfant ou qui me soigne ou qui répare mon automobile est un homme ou une femme. Je veux seulement qu'elle soit avisée et compétente.

Je suis comme beaucoup de gens que je côtoie: être défini par mon sexe (ou mon genre, ou mon érotisme) me navre. Je prétends être davantage que cela. Il y a des jours, nombreux, où j'ai l'impression de n'avoir pas grand-chose en commun avec la plupart des hommes. Il y a des jours où je ressens beaucoup d'affinités avec des femmes. Et vice versa. Enfin, il y a des jours où je ne suis en accord qu'avec moi-même, et encore... Comme on dirait en langage politique, la ligne des sexes n'est pas une ligne de parti: c'est une ligne de risque. Pourquoi faudrait-il qu'il en soit autrement?

Je me souviendrai toujours de la réjouissante entrée en matière de David Bowie, invité il y a quelques années à remettre un oscar hollywoodien et s'adressant en ces termes au public: « *Ladies and gentlemen, and the others*[1]... » On peut se jouer des sexes comme on peut se jouer des genres, lesquels sont censés leur correspondre. Sans pour autant être intersexué ou transsexuel, n'est-il pas possible d'accorder un peu

1. Traduction: « Mesdames, messieurs, et les autres... »

moins de sérieux à l'intégrisme identitaire et à sa logique binaire qui, tous deux, nous enferment dans un apartheid sexuel étouffant ?

Pour se sortir de la culture du sexisme, il faut refuser non seulement sa logique, mais aussi les divisions et les oppositions arbitraires sur lesquelles elle table. Non pas qu'il faille refuser notre sexe (quoique cela soit aussi une possibilité), mais plutôt refuser d'être réduits à cette seule dimension de nous-mêmes. Hommes et femmes ne constituent pas des espèces séparées, encore moins des ennemis naturels. Ils sont solidaires d'une condition humaine suffisamment difficile et complexe pour que leurs sorts soient liés. Pour le meilleur plutôt que pour le pire.

Certes, la domination que les hommes ont, comme individus ou comme collectivité, longtemps exercée sur les femmes a créé un clivage sexuel dont ces dernières ont mis longtemps à se défaire (et cette bataille n'est sans doute pas totalement terminée). Le sexe fort était réputé être masculin ; le sexe faible, féminin. Or, on constate aujourd'hui que même les différences de performances physiques entre les deux sexes s'amenuisent à mesure que les femmes ont accès aux mêmes activités et au même entraînement que les hommes. Qui suit quelque peu les compétitions sportives de haut niveau est obligé de remarquer que les performances des femmes se rapprochent de plus en plus de celles des hommes de même calibre et dépassent – de beaucoup – les capacités de la vaste majorité des hommes. Les mythes tombent avec les records. Le corps masculin et le corps féminin sont, bien sûr, différents, mais ces différences ne présument guère des compétences et possibilités de chacun (hormis pour ce qui a trait aux facultés physiologiques propres à un seul sexe, telles que l'enfantement et l'allaitement, par exemple).

La tendance est générale : le sexe n'est plus la destinée parce que le corps, qui en est le marqueur premier, se trouve de moins en moins soumis à un traitement différent suivant que l'on est un homme ou une femme. Autrement dit, les corps masculins et féminins diffèrent sans doute moins que le traitement qu'on leur a longtemps réservé précisément pour rendre visibles et évidentes leurs différences réputées « naturelles ». À l'heure où la carrière de soldat est ouverte aux femmes, où l'entraînement physique le plus exigeant a des adeptes féminines, où l'homme-objet tend même à remplacer la femme-objet dans la publicité (les nudités masculines, moins idéologiquement offensantes, se substituant de plus en plus aux nudités féminines) et où la mode elle-même valorise l'androgynie (en privilégiant des corps glabres et musclés, quoique juvéniles et longilignes), il est possible d'envisager un monde où le corps et son apparence ne traduiraient pas principalement un sexe ou un genre, mais un ensemble de signes plus ou moins subtils transcendant le sexe et le genre. Chaque personne n'est-elle pas forcément singulière, par-delà son appartenance supposée à un sexe ou à un genre ? Nous sommes plus que notre sexe parce que nous sommes plus que notre corps, qui n'est qu'enveloppe.

Il n'existe pas de groupe naturel constitué de toutes les femmes, comme il n'existe pas de groupe naturel constitué de tous les hommes. Constatation banale, direz-vous : une telle affirmation risque néanmoins de remettre en question beaucoup de discours et de pratiques identitaires largement répandus. Par exemple, que veut vraiment dire l'expression passe-partout « la violence faite aux femmes » ? De quelles femmes et de quelles violences s'agit-il ? Lesquelles de ces violences, réelles, personne ne le nie, sont spécifiques non seulement aux femmes, mais à toutes les femmes, à l'exclusion de tous les hommes ? Puisqu'il existe aussi des garçons et des hommes violés, victimes de violences familiales ou autres, bref vivant des tourments et des injustices similaires à ceux que subissent leurs consœurs, comment arriver à distinguer ce qui, dans ces violences et dans leurs conséquences, est particulier aux femmes ? L'ampleur du phénomène ? Sa négation historique ? Sa récurrence ? Ses auteurs, ses causes ou ses conséquences ? Ces questions demeurent à préciser si l'on croit que les hommes ne sont pas exemptés des violences subies. Rappelons-le : il y a davantage d'hommes que de femmes victimes de crimes, d'assassinats, de suicides, de blessures au travail et de mutilations dans les guerres. Pas étonnant que leur espérance de vie soit nettement inférieure à celle des femmes. Il y a des violences faites aux hommes, fût-ce par eux-mêmes. Je veux nullement, en affirmant cela, nier l'importance ou l'ampleur des problèmes que vivent les femmes, mais rappeler que la condition humaine est difficile et que la douleur, l'injustice ou l'aliénation ne sont pas le lot d'un seul sexe.

Certes, je ne prétends pas que le sort des hommes et celui des femmes soient équivalents. Ainsi, les femmes courent beaucoup plus de risque d'être victimes de violence conjugale que les hommes. Et c'est à l'extérieur de leur foyer, contrairement aux femmes, que les hommes sont le plus souvent victimes de violence. Durant les guerres, les femmes ont à craindre d'être violées, les hommes d'être tués (quoique l'inverse est aussi courant). Les deux sorts sont tragiques, on en conviendra.

Attendu que, dans bien des cas, les violences subies ne diffèrent pas fondamentalement, du moins dans leurs conséquences, une autre conclusion s'impose : il n'est pas nécessaire d'être une femme pour comprendre ou pour aider une femme, comme il n'est pas indispensable d'être un homme pour œuvrer auprès d'hommes en difficulté. La philosophie identitaire de beaucoup de groupes d'entraide a malheureusement fait en sorte qu'il est devenu, dans bien des cas, impossible d'intervenir auprès de femmes si l'on n'est pas soi-même une femme et, quoique dans une moindre mesure, de s'occuper d'hommes en détresse si l'on n'est pas soi-même un homme. Cette position est-elle défendable ou même seulement raisonnable ? La question mérite d'être posée. À moins de professer un essentialisme à tout crin, il est improbable que le fait d'être d'un sexe donné prédispose à quelque connaissance, savoir-faire ou savoir-être que ce soit. Les capacités de compréhension ou d'empathie, les sentiments de solidarité ou de sympathie sont avant tout des aptitudes humaines. Beaucoup de femmes et d'hommes en sont quasi dépourvus, alors que d'autres en ont à revendre. Il n'est même pas certain que l'appartenance (présumée) à un sexe biologique implique une complicité accrue avec ses pairs. Il y a des femmes qui ne s'entendent guère avec les autres femmes et des hommes qui ne sont bien que dans un monde féminin. L'inverse est évidemment tout aussi possible, bien entendu. En présupposant que l'appartenance à un sexe biologique serait synonyme de compétences ou d'habiletés exclusives, étrangères à l'autre sexe, c'est la diversité humaine que l'on nie. La pensée sexiste repose précisément sur ce type de postulat; le plus étonnant, c'est que celles et ceux qui prétendent précisément en combattre les manifestations et les méfaits en viennent parfois à promouvoir la même logique.

Enseignant notamment l'intervention psychosociale depuis vingt ans, je suis en mesure de constater que les dispositions à être aidant sont partagées par des hommes et par des femmes. Appartenir à un sexe – comme on le dit couramment sans réaliser l'énormité de l'affirmation – ne procure aucune faculté ou aptitude inaccessibles à l'autre sexe. Dans l'art d'aider, il y a une relation à soi, à l'autre et à son rôle d'aidant qui transcende nos organes génitaux et nos caractéristiques sexuelles dites secondaires. Non seulement les problèmes vécus par les hommes et par les femmes sont souvent similaires, mais les solutions qu'ils appellent passent par une solidarité humaine qui revêt nettement plus d'importance que le sexe des personnes impliquées. Il est illusoire de prétendre que les problèmes des femmes ne sont qu'affaires de femmes, comme il est ridicule de penser que les problèmes des hommes ne concernent qu'eux. Dans la mesure où nous vivons ensemble, les solutions à nos problèmes, nous les trouverons ensemble. Je ne nie pas que certaines femmes ou certains hommes puissent avoir besoin, à un moment ou un autre de leur vie, d'un répit dans leurs relations difficiles ou invivables avec l'« autre » sexe. Mais cette parenthèse légitime devrait-elle avoir pour conséquence que les réseaux d'entraide passent forcément par la différenciation des sexes, comme s'il fallait, très bizarrement, retourner aux principes mêmes du sexisme pour s'en sortir ?

Le féminisme lui-même semble divisé sur la question des différences hommes / femmes. Pour certaines, ces différences sont intrinsèques, pour ne pas dire irréconciliables, alors que pour d'autres, ces différences, au départ minimes, sont nettement exagérées, sinon renforcées par la socialisation et l'éducation des hommes et des femmes. Tenante de cette dernière vision des choses, Colette Guillaumin écrit très pertinemment :

> Autour de l'appareil reproducteur externe, femelle ou mâle, une construction matérielle et symbolique est élaborée, destinée à exprimer d'abord, à mettre en valeur ensuite, à séparer enfin, les sexes. [...] Cette sexuation ne doit pas être si évidente qu'on le proclame puisque le travail de le rendre sexué [le corps humain], de le fabriquer tel, est une entreprise de longue haleine, commencée très tôt, à dire vrai dès les premières secondes de la vie, et qui n'est jamais achevée car chaque acte de l'existence est concerné et chaque âge de la vie introduit un chapitre nouveau de cette formation continue[2].

Malheureusement, une vaste partie du mouvement des femmes tarde à tirer les conclusions logiques, autant pour les hommes que pour les femmes, du fameux « On ne naît pas femme, on le devient » de Simone de Beauvoir. À l'heure où hommes et femmes résistent, consciemment ou non, aux stéréotypes sexistes et trouvent moyen d'inventer du changement, il devient difficile de parler encore des catégories hommes et femmes comme si elles étaient hermétiquement

2. C. Guillaumin, *Sexe, race et pratique du pouvoir*, Paris, Éditions Côté-femmes, 1992, p. 117, 119.

closes et comme si elles pouvaient servir à séparer « naturellement » tous les êtres humains en deux camps.

Je ne nie pas les effets de l'Histoire, la grande comme la petite, sur les hommes et sur les femmes, sur leur corps et sur leur esprit. Je ne prétends pas non plus que la socialisation (encore) en partie différente des hommes et des femmes soit sans conséquence. Je crois seulement que le passé, s'il nous oriente, ne nous enchaîne pas. Sinon, il n'y aurait pas de changement possible, ce que nous savons être faux. L'Histoire de demain, ne l'oublions pas, se fabrique aujourd'hui. La chasse à la misogynie et au sexisme ne peut pas ne pas porter fruit, même si le changement des pratiques sociales et, à plus forte raison, des mentalités est parfois lent, ardu, désespérant même, surtout quand il s'agit de contrer des préjugés ou des réactions de repli sur soi séculaires.

On ne le dira jamais assez : les hommes ont intérêt à ce que progresse la cause de l'égalité des sexes. Quelle que soit leur nature (amoureuse, filiale, amicale, professionnelle, etc.), les relations avec une autre personne ne sont jamais aussi gratifiantes que lorsqu'elles sont placées sous le signe de l'égalité. Chacun peut alors donner et recevoir, apprendre de l'expérience d'autrui, parce que celle-ci est aussi riche, valorisée et valorisante que la sienne. L'amour lui-même, puisqu'il faut bien en parler, n'est sans doute possible qu'entre égaux, si l'on suppose qu'il doive être réciproque.

L'auteur américain Jon Stoltenberg[3] dit qu'il faut refuser d'être un homme. Je dirais plutôt qu'il faut refuser que notre appartenance à un sexe ne nous emprisonne. Il n'y a pas de fatalité dans le fait de naître homme ou femme, mais des possibilités multiples, qu'une vie ne suffit jamais à épuiser. Des influences de la socialisation, du rapport à notre corps, de notre éducation, des valeurs reçues ou partagées, nous finis-

3. J. Stoltenberg, *Refusing to be a Man*, Portland, Breitenbush Books, 1988 et *Peut-on être un homme sans faire le mâle ?*, Montréal, Éditions de l'Homme, 1995.

sons par faire une synthèse toute personnelle. Nous ne pouvons nous soustraire totalement à ces influences ou les nier; nous pouvons toutefois les transcender. À la question posée en début de chapitre (« Sommes-nous notre sexe ? »), je réponds définitivement par la négative. Si nous ne pouvons que difficilement échapper à notre sexe biologique (quoique certains le fassent : par exemple les transsexuels, auxquels nous consacrerons en partie le prochain chapitre), notre corps et notre esprit peuvent servir à autre chose qu'à conforter et à perpétuer la division des sexes.

CHAPITRE II

Mutants et dissidents : des hermaphrodites aux transsexuels

Dans la Genèse, il est dit que Dieu finit son grand œuvre par la création d'Adam et Ève, avant de se reposer. La vérité est que, le septième jour, Dieu ne se reposa pas vraiment. Il n'avait jamais aimé se reposer de toute façon – c'est sans doute pourquoi il est si fatigué de nos jours. En fait, Dieu s'amusa plutôt à inventer d'autres sexes, intermédiaires par rapport aux précédents. Il les distribua avec grande parcimonie. Ils étaient rares, donc précieux. Moins perspicace que Dieu, l'Homme s'obstine à ne voir que deux sexes là où il s'en trouve une multitude.

Deux groupes de personnes n'entrent manifestement pas dans nos catégories toutes faites de sexe : les intersexués, aussi appelés hermaphrodites, qui cumulent des caractéristiques physiques des deux sexes dès leur naissance, et les transsexuels, qui ont entrepris à l'âge adulte de passer d'un sexe à un autre par une série d'interventions chirurgicales et cosmétiques visant à transformer leur corps et leur apparence. Les deux groupes ont en commun d'avoir ou d'avoir eu durant au moins une période de leur existence un sexe ambigu. Ils accréditent d'une certaine façon l'idée qu'il existerait un troisième sexe, expression qui sert ici non pas à désigner les personnes homosexuelles, comme cela fut jadis le cas, mais qui évoque plutôt l'existence d'un certain continuum, voire d'une transition possible entre les sexes masculin et féminin. Transsexuels et hermaphrodites suscitent incrédulité, parfois crainte, mais simultanément fascinent parce qu'ils nous rappellent la fragilité de nos certitudes à propos des identités de sexe et de genre. Dans la mesure où ils remettent en question la pertinence des catégories usuelles en matière de sexualité, ils constituent une menace pour les conformistes et les intégristes du sexe.

Le fondamentalisme en vigueur en ce qui concerne l'identité de sexe ne tolère guère les exceptions ; c'est pourquoi les enfants qui naissent hermaphrodites ou intersexués subissent leur vie durant des opérations coûteuses, douloureuses et pas toujours efficaces pour faire en sorte que la Nature se conforme de force à notre vision binaire de la sexualité. Même lorsqu'elle est évidente, on préfère ne pas donner à voir l'ambiguïté sexuelle telle qu'elle se présente, par-delà la dichotomie homme/femme : il est plus facile de dire que les intersexués sont des erreurs de la Nature, presque des monstres. Ce qui est monstrueux, c'est plutôt ce que l'on fait subir aux enfants intersexués au nom d'une conception binaire et intégriste de la sexualité. On charcute en effet leur corps jusqu'à l'obtention du résultat escompté : l'apparence tenue pour normale d'un sexe ou de l'autre. Le message est clair : on est un homme OU une femme, pas un homme ET une femme.

Selon les contrées, entre 1 % et 4 % de la population naît plus ou moins intersexuelle, c'est-à-dire avec les deux sexes présents, quoique à des degrés divers, à la naissance. En pareils cas, les composantes servant à déterminer le sexe du bébé ne concordent pas toutes ou sont dissonantes. On peut constater, par exemple, la présence d'ovaire(s) et de testicule(s) ou encore noter une configuration ambiguë des organes sexuels internes ou externes. Dans de telles situations, les médecins vont intervenir rapidement pour « corriger » le sexe de l'enfant, quitte à déclencher dès lors de multiples et douloureuses opérations chirurgicales (jusqu'à des dizaines, échelonnées sur plusieurs années), sans parler des thérapies psychologiques parfois requises pour permettre à ces personnes et à leurs proches de faire face à ces interventions, de les comprendre et de les rationaliser.

Le système binaire des sexes est tyrannique : pas même un nourrisson ne saurait être intersexué. Ce doit être un garçon ou une fille. Pas les deux à la fois. Encore moins ni l'un ni l'autre. Or, les enfants hermaphrodites ne sont-ils pas la preuve vivante que la Nature elle-même n'adopte pas toujours notre classification binaire des sexes ? L'empressement des médecins à transformer la physionomie de ces enfants afin de les rendre conformes à un sexe conventionnel rend cependant invisible cette réalité. Dans 90 % des cas, c'est le sexe féminin qui est choisi lors de la « correction » médicale : il est plus aisé d'enlever des tissus que de créer de nouvelles structures. Beaucoup de médecins croient par ailleurs qu'il est préférable d'être une fille sans clitoris et sans ovaires qu'un garçon avec un micropénis. Ce sont donc finalement des considérations subjectives qui l'emportent. Au moment de faire ce choix, non seulement l'enfant n'est pas en âge de décider de quoi que ce soit, mais ses parents restent le plus souvent passifs devant les directives du médecin invoquant le bien-être de l'enfant (l'enfer est pavé de bonnes intentions).

Quand, adolescente ou jeune adulte, la personne intersexuée découvrira ce qui s'est vraiment passé, c'est-à-dire que son sexe a été décidé et que son corps a été mutilé sans qu'on se soucie le moins du monde de son opinion, elle vivra souvent un choc, une crise existentielle. Qui suis-je ? Pourquoi ces mutilations génitales ? Pourquoi cette intolérance face à l'ambiguïté ? Pourquoi des médecins s'arrogent-ils le droit d'intervenir avec un tel acharnement devant les signes d'intersexualité ? Est-ce bien à eux de faire la police du sexe et de décider que tout enfant doit avoir un sexe « clair » – en vertu d'une logique binaire – dès sa naissance et de déterminer, le cas échéant, lequel ce sera ?

Le silence qui entoure cette réalité tant au sein du corps médical que chez les parents de ces enfants entretient un climat de secret, de mensonge, de honte même. Les parents ne craignent-ils pas que l'on pense qu'ils ont mis au monde un monstre et qu'ils portent par conséquent une tare cachée si jamais ça se savait ? Plusieurs individus intersexués ne découvriront que très graduellement et assez tardivement ce qu'il leur est vraiment arrivé. Les déviations à la norme binaire du sexe semblent à ce point impensables et incompatibles avec une vie dite normale que la première préoccupation des médecins et des parents est généralement de tenter de gommer la condition intersexuelle. Intervenir (chirurgicalement) le plus rapidement possible, mais encore oublier tout aussi vite ce qui s'est passé, voilà le mot d'ordre.

Depuis quelques années, un certain nombre de personnes intersexuées ont toutefois commencé à remettre en question à la fois le système binaire des sexes qui servait à les stigmatiser et le corps médical qui en est le bras armé. Elles s'opposent à ce que l'on charcute les organes génitaux des enfants (pénis, testicules, clitoris, etc.) aux seules fins de les rendre conformes aux diktats de l'intégrisme identitaire. En réalisant qu'elles ne sont pas des monstres et, surtout, qu'elles sont plus nombreuses qu'elles-mêmes ne l'auraient cru, les personnes intersexuées reprennent du pouvoir sur leur propre destinée. Elles revendiquent le droit de décider en temps voulu de leur propre sexe, pas avant qu'elles ne soient en mesure de faire un choix éclairé (quitte à ce que les parents d'enfants intersexués les élèvent en attendant selon le genre qui leur aura paru le plus approprié en raison des caractéristiques prédominantes ou de l'apparence de l'enfant).

Il est regrettable que la plupart de ceux et celles qui ont dénoncé les mutilations génitales des petites Africaines, par exemple, ignorent complètement des pratiques somme toute assez semblables ayant cours en Occident à l'endroit d'enfants intersexués. La raison de leur silence est peut-être stratégique. S'il existe plus de deux sexes ou encore s'il existe des sexes intermédiaires, cela signifie que les catégories hommes et femmes ne sont pas aussi centrales ni même aussi stables qu'on le croyait. Beaucoup de discours identitaires (féministes et masculinistes, notamment) tombent ainsi à plat... Accepter l'ambiguïté de sexe apparaît comme un défi d'autant plus difficile à relever que cela nous oblige à considérer les intersexués non pas comme des erreurs de la Nature, mais comme des contestations vivantes du fondamentalisme identitaire et de sa logique binaire.

Quelques types d'intersexualité sont actuellement reconnus par la science. Le syndrome de Turner affecte les filles dont la vingt-troisième paire de chromosomes, celle qui décide du sexe de l'enfant, est composée d'un seul X plutôt que de deux. L'absence de ce chromosome ne permet pas le développement attendu des gonades, et par conséquent des ovaires. Certains caractères sexuels secondaires n'apparaissent donc pas chez les filles concernées par ce syndrome (à moins qu'elles ne suivent un traitement hormonal spécifique). Chez les garçons, le syndrome de Klinefelter caractérise les garçons qui possèdent un chromosome X en trop, ce qui donne la formule XXY au lieu de XY. Leurs organes génitaux extérieurs seront généralement atrophiés et leur musculature se développera peu, quoique ces individus atteindront, une fois adultes, une grande taille, longiligne. Voilà pour ce qui a trait aux facteurs chromosomiques.

Du côté hormonal, un phénomène appelé l'hyperplasie surrénalienne entraîne une surproduction d'hormones mâles chez des embryons qui sont génétiquement des filles. On parle alors de «virilisation» des embryons féminins. Cela peut donner un nouveau-né dont les organes génitaux internes seront féminins et les organes génitaux externes, masculins. Enfin, une particularité de certains garçons est appelée le testicule féminisant. Chez ces embryons, la production d'hormones mâles ne fut pas suffisante pour que se développent les organes sexuels. Sur le plan des chromosomes, on a affaire à un garçon, alors que sur le plan de l'apparence des organes génitaux externes, ce serait plutôt une fille. S'il est décidé de faire de cet enfant une fille, cette dernière n'aura évidemment jamais de menstruations et sera stérile. S'il est décidé que ce sera un garçon, on dira que son pénis est atrophié.

Des cinq critères servant à établir le sexe d'un nouveau-né, les intersexués ou hermaphrodites en ont donc au moins un qui répond différemment des autres. Sexe chromosomique, sexe gonadique (présence d'ovaires ou de testicules), sexe hormonal prépondérant, organes sexuels internes et organes sexuels externes ne disent pas tous la même chose sur l'identité de sexe de l'enfant. Nous pourrions, comme certaines cultures le font, croire qu'il s'agit là d'un être d'exception, choyé par les Dieux qui lui ont fait cadeau des deux sexes. Nous avons choisi d'en faire un « cas », sinon un monstre, en vertu d'une logique binaire et intégriste qui ne souffre pas l'exception.

Autre figure de dissidence par rapport à l'intégrisme identitaire, la personne transsexuelle possède une identité sexuelle pourtant relativement claire ; elle est femme en dépit du fait qu'elle soit née avec un corps d'homme, ou encore elle est homme bien qu'elle soit née avec un corps de femme. C'est pourquoi elle a entrepris de transformer son physique afin de se rapprocher le plus possible de l'apparence d'une personne née biologiquement femme (si elle est physiologiquement un homme) ou homme (si elle est physiologiquement une femme). Les origines de la transsexualité restent encore méconnues. Puisque ce sont surtout des psychanalystes qui se sont intéressés à ce sujet, les théories sur les prétendues causes du transsexualisme s'attachent surtout à la relation parents-enfant. Ces théories mettent l'accent sur les origines intrapsychiques ou familiales du transsexualisme, négligeant grandement des processus sociaux et culturels pourtant essentiels lorsque l'on parle de sexualité, d'érotisme ou de perception de soi. On pourrait finalement dire des origines de la transsexualité ce dont on convient de plus en plus à propos de l'homosexualité : à partir du moment où une sexualité n'est plus considérée comme problématique, quel est l'intérêt d'en connaître les racines ? C'est donc sur le sort des personnes transsexuelles qu'il convient de se pencher.

La condition des personnes transsexuelles n'est guère meilleure que celle des intersexués. Certes, dans le cas des transsexuels, la correction ou le changement de sexe sont réputés volontaires, mais cela sert malheureusement à justifier une intolérance encore plus grande à l'endroit de ceux et celles qui vivent cette réalité. En fait, beaucoup d'hommes considèrent les transsexuels passés du sexe masculin au sexe féminin comme des traîtres, alors que nombreuses sont les femmes qui les considèrent comme des « fausses femmes ». Cela explique pourquoi des groupes féministes refusent de les accueillir dans leurs rangs et que certaines militantes les considèrent comme des caricatures de tout ce qu'elles combattent (feignant d'ignorer le fait qu'une personne transsexuelle qui n'est pas très typée dans le genre et dans le sexe auxquels elle aspire verra sa candidature refusée par les comités cliniques qui gèrent ce type d'interventions). La hargne suscitée par les femmes devenues hommes semble un peu moins grande, quoiqu'on tende parfois à les ridiculiser en les associant par exemple aux femmes à barbe des cirques de jadis. Qui plus est, l'American Psychiatric Association considère toujours la transsexualité comme un trouble psychique.

La réalité est toutefois bien plus nuancée et rassurante que les idées reçues et les diagnostics psychiatriques ne voudraient nous le faire croire. Les études sur les transsexuels[1] des deux sexes présentent souvent des personnes adaptées à leur nouvelle vie – en dépit des problèmes qu'elles rencontrent, l'un des principaux étant de conserver leur emploi, vu les préjugés et un état civil problématique. Certes, il existe aussi des personnes transsexuelles mal adaptées ; elles n'ont ni le monopole du bonheur ou de l'équilibre, ni celui du malheur ou du déséquilibre. Elles sont humaines avant tout. On

1. C. Chiland, *Changer de sexe*, Paris, Odile Jacob, 1997, p. 141 et suiv.

note toutefois que la réaction de leur entourage est souvent décisive ; c'est pourquoi il apparaît si important d'assurer aux personnes transsexuelles les mêmes droits, les mêmes privilèges, les mêmes responsabilités et possibilités qu'aux autres. Sinon, c'est la société environnante qui déclenche elle-même les dysfonctionnements qu'elle semble tant redouter chez ces personnes.

S'il est relativement nouveau sur le plan physiologique (il a fallu attendre que les médecins puissent réaliser cette transition grâce aux chirurgies et aux traitements hormonaux), le phénomène du transsexualisme n'est pas récent sur le plan psychique. L'empereur romain Élagabal (ou Héliogabale) songeait il y a près de deux mille ans à se faire transformer en femme. Il ne trouva cependant aucun médecin pour risquer la chose, la crainte de décevoir ou de tuer l'empereur l'ayant apparemment emporté sur le défi médical à relever. Si, depuis la Seconde Guerre mondiale, la technologie rend possibles des modifications de sexe (le terme transsexuel fut inventé en 1949), le désir de changer de sexe, lui, est donc loin d'être neuf. Tout simplement, ce qui était jadis un fantasme peut aujourd'hui devenir réalité au prix, il faut le dire, de démarches nombreuses, d'interventions chirurgicales importantes et de tracasseries administratives sans fin : changer d'état civil n'est généralement pas chose facile, même pour une personne transsexualisée ou en voie de l'être. Les coûts matériels, moraux, physiques et psychiques – sans compter les risques – des opérations de transition d'un sexe à un autre sont si grands qu'il est étonnant que tant de bien-pensants perçoivent encore une telle chose comme frivole. Il faut être très convaincu et convaincant pour parvenir à être transsexué.

Comme êtres humains, nous ressentons le monde et nous sommes ressentis par lui à travers notre corps ; même notre esprit n'a d'autre choix que de l'habiter. Certains préfèrent vivre dans un corps d'homme, d'autres dans un corps de femme, d'autres, enfin, dans un corps mixte. Le plus souvent, cela est en accord avec ce qu'ils sont déjà. Mais parfois il en va tout autrement, et c'est bien là le drame des individus transsexuels.

Plusieurs transsexuels des deux sexes, il est vrai, ne vont pas jusqu'au bout des interventions requises pour les rendre à cent pour cent conformes au sexe revendiqué. Parce qu'il leur en coûte trop, à tout point de vue, mais aussi parce qu'il n'est pas évident que « d'aller jusqu'au bout » soit dans tous les cas nécessaire ou recommandé. Certaines opérations sont plus risquées que d'autres et les résultats escomptés, pas toujours concluants, en particulier dans le cas des femmes qui entreprennent de devenir des hommes. Comme certains intersexués, les individus à demi transsexués constituent dès lors un sexe intermédiaire, en marge des sexes que l'on pourrait dire conventionnels.

La création et la persistance de la transsexualité comme problème médical n'est pas sans refléter une certaine crise autour des identités de sexe et de genre. Il est symptomatique que l'on refuse d'opérer ceux ou celles qui ne se conforment pas aux stéréotypes masculins ou féminins, selon le cas de figure requis. Trois critères servent en fait à évaluer les cas de « vraie » transsexualité : une identification persistante à « l'autre sexe » remontant à la prime enfance, un sentiment d'inconfort important par rapport à son sexe et aux rôles qui lui sont dévolus, et un mal d'être physique et existentiel se traduisant notamment par un fonctionnement social problématique et des rapports sexuels très insatisfaisants ou inexistants. Comme on le voit, ces critères sont plutôt subjectifs. Dans quelle mesure un enfant peut-il s'identifier à des personnes, des fonctions ou des rôles d'un sexe qui n'est pas le sien ? Dans quelle mesure des personnes davantage typées que d'autres dans leur féminité (si ce sont des hommes) ou leur masculinité (si ce sont des femmes) ne sont-elles pas perçues comme de meilleures candidates à la transsexualité ? Jusqu'à quel point peut-on être insatisfait de notre sexe ou des rôles qui lui sont dévolus sans être transsexuel-le ? Dans une société débarrassée des stéréotypes de sexes, où le féminin et le masculin seraient valorisés autant chez les hommes que chez les femmes, le transsexualisme existerait-il – du moins dans sa forme actuelle? Autant de questions qui nous obligent à envisager autrement la transsexualité.

On reproche aux transsexuels d'être des êtres hybrides. L'hybridation fait néanmoins partie de toute identité et de toute sexualité. La transsexualité n'est pas une maladie mentale; c'est un fait de société depuis qu'il y a une cinquantaine d'années fut réalisée la première «conversion de sexe». C'est aussi une réalité complexe, un vécu riche d'apprentissages pour les transsexuels comme pour les non-transsexuels. Aucune des personnes transsexuelles que j'ai connues ne présentait la même dynamique, encore moins les mêmes caractéristiques. Que nous soyons hommes, femmes ou de sexe intermédiaire, nous ne sommes pas tous pareils comme êtres humains, et nos parcours de vie non plus. Certes, les transsexuels ont parfois des trajectoires d'existence singulières, mais pas forcément davantage que monsieur ou madame Tout-le-monde. En dépit de ce que peuvent dire certains spécialistes en mal de pathologies, il y a potentiellement autant d'équilibre ou de déséquilibre dans un groupe de transsexuel-le-s que dans un groupe aléatoire de femmes et d'hommes non transsexués. Enfin, si les avancées de la médecine ont permis la matérialisation du transsexualisme, il y a sans doute toujours eu des hommes qui ont rêvé de devenir des femmes et des femmes qui ont rêvé de devenir des hommes l'espace d'un instant ou d'une vie...

Le vrai problème, c'est l'intolérance à laquelle se heurtent les personnes transsexuelles, y compris de la part de professionnels supposés leur venir en aide. Pour peu que l'on suive le parcours d'une personne transsexuelle, on s'aperçoit qu'elle est continûment traitée comme une personne mineure, incapable de décider par elle-même de son devenir. Seuls des experts réunis en comités (dont sont généralement exclues les personnes transsexuelles) peuvent décider de ce qu'elle fera – ou plutôt de ce qu'ils feront – de son corps. Sur le plan de l'état civil, la situation est tout aussi intenable : au Québec, par exemple, ce n'est qu'une fois la transformation physique totalement terminée (si la personne se rend jusque-là) qu'un changement officiel d'état civil peut être examiné. Or, pour devenir transsexuel, vous devez faire la preuve que vous pouvez vivre dans la peau de « l'autre sexe » pendant un certain laps de temps. Mais comment fréquenter une école professionnelle, trouver un emploi et faire face aux plus petites tracasseries administratives ou policières si vos papiers indiquent que vous n'êtes pas la personne que vous prétendez être ? Les personnes transsexuelles sont placées dans des situations kafkaïennes ; le fait qu'elles réussissent à composer avec ces difficultés montre de façon éloquente combien forte est leur motivation et résistante est leur santé mentale[2].

Les transgressions en matière d'identité sexuelle se paient cher. Qu'elles soient on ne peut plus involontaires, comme dans le cas des intersexués, ou mûrement réfléchies, comme dans le cas des transsexuels, n'y change rien. Que l'identité de sexe puisse être quelque chose d'ambigu, d'instable ou de changeant est inacceptable aux yeux des tenants de l'intégrisme identitaire. Le système binaire appliqué à la sexualité humaine ne supporte pas une telle diversité. On psychiatrise les différences, on force les esprits et les corps à devenir tout à fait conformes à la logique binaire, on fait en sorte que rien ne vienne contredire le credo fondamentaliste : il y a deux sexes, opposés de surcroît, qui ne sauraient en aucun cas se superposer ou se rencontrer chez un même individu.

2. L'excellent ouvrage de Leslie Feinberg, *Transgender Warriors* (Boston, Beacon Press, 1996), donne une bonne idée de ce combat, tout en dressant un vaste panorama de la condition transsexuelle. On lira aussi avec intérêt le livre de Pat Califia, *Sex Changes –The Politics of Transgenderism* (San Franscisco, Cleis Press, 1997).

DEUXIÈME PARTIE

Le masculin et le féminin comme ghettos

À propos des identités de genre

Le genre est une construction culturelle : il réfère à ce qui est considéré comme masculin ou féminin dans une culture donnée. Par conséquent, notre identité de genre dépend de notre degré d'adéquation aux standards masculins ou féminins en vigueur. D'une époque à une autre et d'un lieu géographique à un autre, les définitions du masculin et du féminin varient. Maquillage, vêtements, coiffure, manières d'être ou de faire, tâches domestiques, familiales, sociales ou politiques, les caractéristiques associées aux hommes ou aux femmes peuvent plus ou moins fluctuer selon les contrées, les périodes de l'Histoire, les impératifs du moment (guerres, crises, etc.) et même les phénomènes de mode plus passagers. Contrairement au sexe, que l'on relie généralement à des caractéristiques biologiques et physiologiques, le genre est une question de définition collective, de consensus social : on est du genre masculin dans la mesure où l'on démontre suffisamment de caractéristiques réputées masculines, on est du genre féminin dans la mesure où l'on présente suffisamment de caractéristiques réputées féminines. Bref, c'est une affaire de symboles, de perceptions et de représentations, même si la majorité des gens croient, à tort, que le genre va de pair avec le sexe d'une personne.

CHAPITRE III

Les paradoxes d'un certain féminisme

En proposant une lecture critique et politique des rapports entre hommes et femmes, le féminisme a encouragé les femmes de toutes conditions à revendiquer une liberté accrue de pensée et d'action. Indirectement, il a été et demeure une occasion de réflexion et de changement pour les hommes. Est-il toutefois possible pour un homme de questionner certains aspects du féminisme sans risquer de voir pareille démarche mal interprétée ? Je me permets de le souhaiter. Il est certes compréhensible qu'un mouvement social dont les acquis semblent encore récents ressente le besoin de s'autoprotéger, fût-ce par une certaine réserve face à la critique. Sans compter qu'il existe à l'intérieur de tout courant d'idées des factions plus orthodoxes que d'autres et, de ce fait, plus sensibles ou rétives aux questionnements, *a fortiori* s'ils viennent de l'extérieur. Par ailleurs, le féminisme n'est pas une réalité monolithique : il fut et reste traversé de débats sur des sujets tels que la maternité, la sexualité entre hommes et femmes, le lesbianisme, l'érotisme, la pornographie, etc. Ma critique portera surtout sur la question du genre. On peut en effet se demander si le fait de négliger les différences de genre au profit des différences de sexe ne limite pas la portée de plusieurs avancées du mouvement des femmes.

Comme l'indique le titre même de ce chapitre, je voudrais ici souligner les contradictions d'un certain type de féminisme, sans doute minoritaire, mais influent, que j'appellerais le féminisme paradoxal. Bien qu'il ait pour objectif légitime la libération des femmes, ce dernier adopte en effet une perspective qui entérine à la fois la division des sexes et le conformisme des genres. Comment ? En tombant dans les pièges de la pensée essentialiste (les femmes portent en elles l'essence féminine, commune à toutes les femmes : le sexe, c'est le genre, et vice versa), de l'approche identitaire (la féminité appartient aux femmes et à elles seules), de la perspective séparatiste (les femmes forment ou devraient former une communauté distincte des hommes) et de l'idéologie victimaire (les femmes, et uniquement les femmes, sont toujours les victimes des hommes).

L'idée qu'il existerait une essence et une identité féminines a sans doute initialement permis que se constitue un mouvement comme celui des femmes. Que ces dernières ressentent le besoin de se regrouper, de se conscientiser et de se solidariser est devenu une évidence ; qu'elles entendent dénoncer haut et fort les discriminations et les violences qu'elles ont si longtemps subies en silence est plus que légitime. Le problème est de savoir jusqu'où vont les logiques essentialistes, identitaires, séparatistes ou victimaires qui parfois émanent de cette mouvance et à quels stéréotypes, exclusions et distorsions elles donnent lieu. Plus encore, on est en droit de se demander quels sont les effets sur les femmes et sur les hommes de certains *a priori* féministes qui jouent le jeu – fût-ce involontairement – des idéologies déterministes précisément à l'origine des discriminations séculaires subies par les femmes (idéologies soutenant, par exemple, que les hommes et les femmes seraient inégaux parce qu'ils auraient, par nature, des qualités contraires).

Je suis résolument pro-féministe. Non seulement j'ai cru toute ma vie à l'égalité des sexes, des genres et des érotismes, mais j'ai également cherché, à travers mes écrits et mes actes, à promouvoir cet idéal. La discrimination et l'exclusion, sous quelque forme que ce soit, m'ont toujours paru insupportables.

Aussi, j'ai généralement été en accord avec les revendications féministes. Je n'ai toutefois pu m'empêcher, au cours des dernières années, de noter quelques dérives qui me semblent aller dans une direction contraire aux idéaux initialement professés par le féminisme. Je pense en particulier aux moyens utilisés pour atteindre l'égalité entre hommes et femmes, mais aussi à la représentation du masculin et à la lutte contre les violences.

Pourquoi un homme s'intéresserait-il à ces questions ? Les rapports hommes / femmes concernent tout autant les hommes que les femmes. Il est néanmoins vrai que la plupart des hommes évitent comme la peste de s'y intéresser, *a fortiori* s'ils sont universitaires. Certains considèrent les études féministes ou même les recherches sur le genre comme un ghetto féminin ou, pire, comme un terrain stratégiquement abandonné aux femmes. Il faut dire que les rares hommes qui se sont par le passé intéressés aux questions du sexe et du genre ont souvent été mal vus par leurs collègues féministes, comme s'ils mettaient les pieds dans une chasse gardée. N'empêche que la perspective féministe peut constituer un remarquable outil de déconstruction des notions que nous prenons pour acquises en ce qui concerne le sexe, le genre et l'érotisme. Que certains de ses courants encouragent le *statu quo* est suffisamment inquiétant pour que cela mérite d'être questionné.

À côté d'un féminisme confiant dans les possibilités infinies des femmes, intégrateur des différences, volontiers critique de lui-même, s'est en effet développé un féminisme essentialiste, trop souvent sectaire et victimaire, qui se coupe à la fois de ses racines – l'ensemble des femmes, qui veulent plus de pouvoir sur leur propre vie – et de ses alliés masculins potentiels ou réels. Ce féminisme paradoxal a tendance à se replier sur lui-même en se fermant à la critique et en rendant la solidarité entre hommes et femmes quasi impossible. Dans les milieux (académiques, notamment) où il sévit, il fait obstacle à la liberté d'expression des femmes et des hommes qui ne l'endossent pas tel quel. Ce féminisme-là finit par ressembler à certaines des institutions qu'il dénonce (en particulier les intégrismes religieux) : figé, dogmatique, intolérant, imperméable à ce qui se passe autour de lui.

Ainsi, certaines féministes perçoivent d'un fort mauvais œil que des hommes s'intéressent aux rapports hommes/femmes ou même seulement à la condition masculine. Elles leur reprochent tantôt leur intrusion dans un champ réservé aux femmes, tantôt leur regard original sur leur propre condition (pas forcément calqué sur la lecture féministe), mais le plus souvent c'est uniquement leur appartenance au sexe masculin qui gêne. Avec des amis comme ça, pas besoin d'ennemis, va-t-on jusqu'à affirmer. Comme s'il était criminel pour un homme de s'intéresser au féminisme (faudrait-il y rester sourd ou insensible ?), comme si les études sur la condition des hommes ne pouvaient qu'être anti-féministes (ce qui n'est pas le cas, loin de là), comme si toute sympathie aux idéaux féministes venant d'un homme était forcément suspecte. Rien de bon ne saurait venir d'un homme, du moins en ce qui concerne les femmes... En invalidant tout ce que font ou pourraient faire des hommes dans le champ de la condition des hommes ou de la condition des femmes, on s'assure que chacun demeure dans son camp de sexe ou de genre. Même quand une certaine ouverture d'esprit pointe, c'est le dogmatisme qui l'emporte. Ainsi, une répondante à une enquête sur la présence des hommes dans les études universitaires sur les femmes déclare :

> Il y a un merveilleux féministe, un féministe extraordinairement prudent et bien documenté en qui j'ai beaucoup confiance. Ceci n'est cependant qu'un prélude pour arriver à dire que, finalement, à cette étape de notre histoire, je ressens une assez grande hostilité à l'idée que des hommes puissent enseigner en études féminines[1].

1. M. Eichler, « À propos du rôle joué par les hommes dans le domaine des études sur les femmes : une ambivalence profonde », *Nouvelles Questions féministes*, vol. 19, n°s 2-3-4, 1998 / *Recherches féministes*, vol. 11, n° 2, 1998, p. 52-53.

J'ai plus que jamais réalisé les troublantes retombées d'un féminisme essentialiste et victimaire après la sortie de mon ouvrage sur les agressions sexuelles à l'encontre des garçons, *Ça arrive aussi aux garçons – L'abus sexuel au masculin*. Le malaise, voire les reproches qu'a suscités cet ouvrage chez certaines féministes m'ont tout simplement sidéré : « Vous exagérez : les garçons ne peuvent pas vraiment être violés », « Les hommes ne sont jamais du côté des victimes », « Il est politiquement dangereux de prétendre que des mâles peuvent aussi être victimisés », « Un garçon sexuellement agressé souffre moins qu'une fille, de toute façon... » À chaque fois que j'entendais, ahuri, un tel discours, j'avais l'impression de revenir des décennies en arrière, alors que les abus sexuels étaient tout simplement niés. Or, certaines des femmes qui parlaient ainsi travaillaient elles-mêmes auprès de victimes de violence ou enseignaient les principes de telles interventions. Aussi, je ne comprenais pas cette apparente insensibilité de leur part. Comment expliquer que des femmes pourtant conscientes du problème des abus de nature sexuelle se montrent à ce point indifférentes au sort des enfants masculins victimes de violence[2] ?

Réflexion faite, j'ai toutefois l'impression que si elles étaient confrontées à un tel drame survenu chez un proche, la plupart de ces femmes réagiraient tout autrement. Entre leur discours et leurs propres émotions, il y aurait alors un écart qu'elles ne pourraient pas ne pas percevoir. Les femmes ne sont pas les seules victimes des hommes. Comme Daniel Welzer-Lang et moi-même[3] l'avons montré dans nos recherches sur les garçons et les jeunes hommes qui furent violés par des hommes, les agresseurs, voire les victimes elles-mêmes, ont tendance à se représenter l'agressé comme étant

2. Rappelons que huit ans était l'âge moyen des soixante-dix répondants de mes recherches au moment des agressions qu'ils avaient subies.
3. D. Welzer-Lang, *Le Viol au masculin*, Paris, L'Harmattan, 1988 et *Sexualité et violences en prison*, Lyon, Aléas, 1996 ; M. Dorais, *Ça arrive aussi aux garçons*, Montréal, VLB éditeur, 1997 et « Dérives intimes », *Intervention*, nº 106, avril 1998.

du genre féminin. Les agresseurs croient que leur domination assure leur virilité, alors que la soumission de leurs victimes est preuve de la non-virilité ou de la féminité de ces dernières. Si tordue ou critiquable qu'elle soit, cette conception des choses nous rappelle que le genre attribué à une personne ne correspond pas toujours à son sexe, en particulier lorsqu'il s'agit d'un enfant, dont les caractéristiques sexuelles secondaires sont parfois à peine esquissées. Même dans le cas de viols d'adolescents ou de jeunes hommes (dans ce dernier cas, notamment en prison), il est patent que le rapport de force existant entre l'agresseur et sa victime transcende le sexe biologique de cette dernière. Autrement dit, le viol n'est pas qu'affaire de pouvoir ou de sexe, il est aussi affaire de genre. C'est pourquoi il peut concerner des jeunes et des moins jeunes, qu'ils soient du sexe féminin ou du sexe masculin, quand un agresseur se trouve en mesure d'abuser d'eux.

Si elles ont des frères, des fils, des amants ou des amis, les femmes savent bien que ces derniers peuvent aussi être victimes et en souffrir, que les garçons et les hommes n'ont pas tous le même pouvoir, loin de là... Les femmes n'ont pas le monopole de la souffrance ou de la soumission obligée. Les enfants, filles et garçons, sont aussi des victimes faciles, hélas. Il est odieux de prétendre qu'un garçon violé souffre moins que s'il était une fille – eût-il cinq ans d'âge. Un agresseur ne réagirait pas autrement. « Un garçon violé ? Ça lui apprendra à être un homme ! » Cette mesquinerie – pour ne pas dire cette méchanceté – n'est pas plus acceptable de la part d'une femme que de la part d'un homme, quelles que soient les idéologies qui les animent. Les femmes qui refusent de considérer les hommes comme des êtres humains à part entière sont tout aussi bornées que les hommes qui refusent de reconnaître les femmes comme leurs égales. Les deux groupes ne se fréquentent guère : ils ont pourtant en commun leur mépris affiché de l'autre sexe et l'absence de tout sens critique lorsque leur idéologie se bute à la réalité.

Les excès d'un féminisme essentialiste et victimaire, qui fait des femmes – et des femmes uniquement – des victimes quasi congénitales, sont dangereux pour les femmes elles-mêmes, qui sont ramenées à l'état de proies passives devant des hommes supposés tout-puissants. Plutôt que de militer en faveur de l'égalité des sexes et des genres, pareille idéologie infantilise les femmes et les dépossède de toute faculté d'agir sur leur vie. Or, les femmes ne sont pas plus condamnées à souffrir que les hommes ne sont condamnés à être leurs bourreaux. Les bons côtés de l'humanité n'ont pas été attribués exclusivement aux femmes et les mauvais côtés aux hommes (ou vice versa). La vertu et le vice, quelle que soit la définition que l'on donne à ces termes, sont assez également répartis. Le discours essentialiste et victimaire se révèle circulaire, incapable d'appréhender et de susciter le changement, tant sur le plan individuel que sur le plan collectif : victime un jour, victime toujours.

Que toute femme concentre en elle-même, du seul fait qu'elle soit femme, tous les attributs et tous les aléas historiques de la condition des femmes est, aujourd'hui plus que jamais, une fiction (tout comme le serait le fait de prétendre que chaque homme porte en lui-même l'ensemble de la condition masculine). Nous ne sommes quand même pas, comme individus, les hologrammes de la moitié de l'humanité... Par-delà le sexe biologique d'une personne, il y a son genre, mais aussi ses conditions objectives et subjectives d'existence : son histoire personnelle, familiale et collective, ses conditions de vie, les ressources et les pouvoirs dont elle dispose, etc. Il n'existe pas d'homme ou de femme génériques, qui représenteraient parfaitement tous les autres membres de leur catégorie de sexe, mais des hommes et des femmes forcément singuliers. Par exemple, un garçon violé ne vit pas la même chose, n'a pas le même statut ni le même pouvoir que celui qui est en train de l'agresser (c'est d'ailleurs pour gagner symboliquement ce statut de dominant que certains agressés deviendront plus tard des agresseurs).

Si le féminisme a, non sans raison, reproché à de nombreux hommes leur déshumanisation des femmes, on ne saurait avaliser le fait qu'à l'inverse toute humanité soit désormais refusée aux hommes, la masculinité étant prétendument porteuse de tous les maux (la féminité étant toujours admirable). On oublie qu'il existe autant de façons de manifester sa masculinité qu'il y en a de vivre sa féminité. On tait surtout le fait que la masculinité n'est pas davantage le propre des hommes que la féminité n'est le propre des femmes. Ce silence explique peut-être pourquoi certaines femmes lesbiennes – qui se jouent plus volontiers des identités de genre parce qu'elles n'ont pas à privilégier un modèle féminin complémentaire au modèle masculin – causent parfois un malaise chez les (autres) féministes : elles peuvent actualiser autant leurs caractéristiques féminines que leurs caractéristiques masculines, montrant ainsi qu'il n'existe pas d'essence propre à chaque sexe.

En confondant le sexe et le genre puis en se considérant dépositaire exclusif du féminin, le féminisme de type identitaire se tire dans le pied. Alors que tant de femmes revendiquent l'accès à tous les domaines traditionnellement masculins et assument mieux leurs côtés masculins que la majorité des hommes n'expriment leurs facettes féminines, comment peut-on continuer de prétendre que le féminin et le masculin sont des mondes antagonistes et clos ? Alors même que plusieurs féministes font volontiers preuve de caractéristiques – physiques, psychologiques ou relationnelles – dites « masculines », comment dénigrer ce qui fait ainsi partie de soi ? Comment prétendre que le masculin est négatif uniquement lorsqu'il est le fait des hommes ? Et comment, à l'inverse, ridiculiser le féminin uniquement quand on en retrouve la trace chez des hommes ?

Tandis que les filles sont plus que jamais incitées à ne pas restreindre leurs choix de vie et de carrière aux stéréotypes d'antan, malheur aux hommes qui s'aventurent hors des sentiers battus ! Ainsi, la plupart des femmes et des hommes favorables au féminisme ne tolèrent guère chez un garçon ce qu'ils encouragent chez une fille, soit le non-conformisme de genre. Les qualités jadis perçues comme masculines sont bienvenues, voire valorisées chez les jeunes filles : on est fiers de les voir choisir des sports, des activités ou des métiers non traditionnels. Il y a, et de plus en plus, des boxeuses, des hockeyeuses, des femmes culturistes ; certains métiers jadis masculins sont même en voie de devenir féminins : médecin et avocat, par exemple. Bref, les femmes changent et peu de gens s'en plaignent ; pourquoi donc les hommes ne pourraient-ils pas vivre la même libération ? Une fille ou une femme qui intègre féminité et masculinité – après tout, nous avons tous un peu, beaucoup des deux –, c'est très bien ; en revanche, lorsque des garçons ou des hommes manifestent quelque aspect féminin, on les suspecte aussitôt de ne pas être de *vrais* hommes...

On s'est beaucoup moqué des fameux « hommes roses », qui assument une certaine féminité dans leurs rôles et dans leurs émotions. Certaines amies féministes ont eu les commentaires parmi les plus durs que j'aie entendus à leur sujet, prétendant qu'« un homme doit rester un homme » (comme beaucoup d'hommes estiment qu'une femme doit rester une femme, n'est-ce pas ?). Mais qu'est-ce qu'un *vrai* homme ? Un macho, une caricature, un mâle qui est demeuré insensible aux changements survenus chez les femmes précisément grâce au féminisme ? Il est particulièrement triste que des femmes parmi celles qui ont le plus célébré le féminin joignent leurs voix à ceux qui s'insurgent quand ce féminin est exprimé par un homme. Pourtant, le féminin n'est pas davantage la propriété des femmes que le masculin n'est la propriété des hommes. Et comme le féminin ne vaut pas moins que le masculin (penser le contraire serait profondément sexiste), je ne vois pas pourquoi un homme qui manifeste quelque chose d'apparemment féminin s'abaisse ou se ridiculise (pas plus qu'une femme qui fait montre d'une certaine masculinité, du moins selon nos critères en cette matière, ne porte atteinte à sa normalité ou à son intégrité). Pour qui croit vraiment que le féminin et le masculin sont aussi valables et valorisants l'un que l'autre, il n'existe aucune raison pour disqualifier les hommes ou les femmes non conformistes dans leur façon d'exprimer leur genre. Le féminin ne sied pas forcément davantage aux femmes que le masculin aux hommes (et vice versa, évidemment). C'est une question de point de vue, de goût, d'aptitude et de dosage propres à chaque être humain.

Plusieurs féministes de la première heure (et de toutes tendances politiques ou sexuelles, précisons-le) n'ont pas eu honte de leur androgynie relative. Elles étaient à la fois féminines et masculines. Et pourquoi pas? Aujourd'hui comme hier, beaucoup de femmes font la preuve que le masculin n'est pas (que) destructeur ou négatif: cet aspect de leur personnalité a contribué à faire d'elles ce qu'elles sont devenues. Si le masculin ne saurait être considéré comme supérieur au féminin, il ne saurait être considéré comme inférieur non plus. Les hommes masculins, féminins ou androgynes, ne sont pas plus à mépriser que les femmes féminines, masculines ou androgynes.

Ce n'est pas uniquement l'égalité des sexes qu'il reste à parachever, mais aussi l'égalité des genres. À l'évidence, l'une ne pourra pas se faire sans l'autre. Tant que le féminin et le masculin ne jouiront pas d'un même statut chez les hommes comme chez les femmes, l'égalité des sexes ne pourra être complètement réalisée. Par conséquent, il est inconcevable que la question des variations de genre et surtout des discriminations auxquelles elles donnent lieu reste étrangère à celles et à ceux qui aspirent à un monde plus égalitaire. Pour la plupart des hommes, il y a non seulement les femmes autour d'eux, mais aussi le féminin en eux – et c'est pourquoi le féminisme devrait les concerner et être concerné par eux. De la même façon, pour la plupart des femmes, il existe des hommes autour d'elles, mais aussi du masculin en elles et c'est pourquoi leur réflexion sur la masculinité les concerne doublement. Autant les hommes que les femmes peuvent être prisonniers, sinon victimes, des normes prévalant dans leur catégorie de sexe et de genre. La libération des femmes est essentielle ? La libération du féminin en chacun et chacune l'est au moins tout autant si nous voulons que s'estompent les disparités fondées sur les différences de sexe et de genre.

Autre paradoxe du féminisme victimaire : ses porte-parole sont parfois des femmes qui ont eu accès aux plus hautes fonctions, notamment dans les milieux académiques et politiques. Le système patriarcal implacable qu'elles décrivent présente donc des failles, c'est le moins que l'on puisse dire. En Amérique du Nord, dans les pays anglophones et de plus en plus en Europe, nombreux sont les programmes universitaires d'études féministes, tandis que, dans la fonction publique, les revendications traditionnelles des femmes se font entendre à tous les niveaux. Les rapports de pouvoir entre hommes et femmes sont donc en mutation, cela tant sur le plan individuel que sur le plan collectif. Que d'autres progrès restent à faire, j'en conviens, mais il est de plus en plus difficile de prétendre que les femmes ne sont encore que des victimes des hommes. De plus en plus de jeunes femmes sont d'ailleurs excédées qu'on leur répète toujours la même rengaine selon laquelle leur sexe porte une fatalité à laquelle il est impossible d'échapper et que le genre féminin est irréconciliable avec le genre masculin. Elles savent bien que ce n'est pas le cas ; quand un certain discours féministe apparaît ainsi en rupture avec la réalité, il perd de sa crédibilité. Pas étonnant que tant de jeunes femmes hésitent désormais à se dire féministes alors qu'elles en ont toutes les caractéristiques : le discours qu'elles entendent ne colle plus à leur réalité…

Si le tableau parfois apocalyptique dressé par un certain féminisme victimaire est fidèle à la réalité (qu'on se rappelle les accusations proférées à l'endroit de tous les hommes au lendemain des meurtres commis à l'École polytechnique de Montréal), on peut comprendre la volonté séparatiste qui émane de cette tendance. Si les femmes sont victimisées de façon permanente par les hommes, non seulement la séparation des hommes et des femmes n'apparaît pas comme un problème, mais c'est une solution. Que cette séparation doive être physique ou symbolique, partielle ou permanente, cela reste à voir. Mais est-ce trop demander que de réclamer une certaine cohérence ? Par exemple, chaque femme est libre de croire que tout rapport sexuel entre un homme et une femme s'apparente à un viol ; elle est aussi libre d'arrêter d'avoir des relations sexuelles avec l'autre sexe. Comment ne pas être confondu par des femmes qui, dans leur enseignement ou dans leurs écrits, décrivent la vie des femmes avec les hommes comme un long calvaire et qui rentrent le soir, bien calmement et sereinement, préparer le repas de leur époux et de leurs fils ? Lorsque les discours et les actes sont en contradiction manifeste, surgit le doute : qui dit vrai ? Va pour l'ambiguïté, mais que penser de l'incohérence ?

Plusieurs féministes bien connues n'ont pas peur de dire leur amour pour les hommes. D'autres assument très bien leur amour des femmes, sans pour autant éliminer les hommes de leur existence. Pour certaines, la cohabitation avec les hommes est trop difficile et, en toute logique, elles s'en abstiennent ; leur choix est conséquent. Le débat entre femmes hétérosexuelles et lesbiennes semble d'ailleurs avoir fait long feu au sein du mouvement féministe : on n'accuse plus les unes d'être des « collabos » avec l'oppresseur et on regarde moins les autres comme des déviantes qui nuiraient à la cause des femmes si « ça se savait ». Comme l'ont souligné certaines féministes lesbiennes, il demeure toutefois illogique de prétendre que les hommes portent préjudice aux femmes et d'en avoir un comme partenaire amoureux ou sexuel. La place et le rôle des hommes, et par voie de conséquence la question du rapport au sexe, au genre et à l'érotisme, demeurent des thèmes incontournables.

Cela dit, qu'on le veuille ou non, nous sommes plus que notre sexe et plus que notre genre supposé. Et si les relations entre femmes et hommes peuvent être un enfer, elles peuvent aussi être enrichissantes, égalitaires, gratifiantes, respectueuses, excitantes, etc. Il en va de même pour les relations entre femmes, entre hommes ou entre personnes pour lesquelles la question des sexes ou des genres n'a pas d'importance. Malheureusement, le discours de bois à l'effet que les femmes soient d'éternelles victimes et les hommes, d'éternels bourreaux fait écran aux véritables problèmes et décourage toute bonne volonté. Les revendications en faveur de l'égalité et l'affirmation de soi comme individu ou comme collectivité sont des combats continus dans un monde où la démocratie demeure un processus. C'est d'ailleurs le défi qu'ont relevé les premières féministes qui, au lieu de s'apitoyer sur elles-mêmes ou de voir les femmes comme des victimes-nées, ont combattu pour la reconnaissance de leurs droits et de leurs libertés. Certes, pour ne plus être une victime, il faut d'abord reconnaître qu'on le fut. Mais pas pour se complaire dans ce statut ou ce rôle ; au contraire, pour reprendre du pouvoir sur sa propre vie, pour ne plus être le jouet des autres ou des circonstances. Le fatalisme n'est pas une stratégie très efficace quand on veut changer un rapport de force. Le pouvoir n'est jamais que d'un seul côté : d'ailleurs, un système qui nierait tout pouvoir aux femmes ne donnerait pas autant d'espace et de crédibilité aux discours féministes, au point que l'on puisse parler aujourd'hui de féminisme institutionnel.

On comprend la saine colère des femmes devant les injustices et les violences dont elles ont été ou sont encore victimes. Mais qu'est-ce qu'une libération où il n'y a pas, outre les luttes légitimes, la générosité, le dialogue, les rires, l'humour, la bonne humeur, qui sont, après tout, les signes premiers du bonheur reconquis ? Qu'est-ce qu'un monde meilleur sinon un lieu où il fait bon vivre et où les êtres sont tous également respectés, quel que soit leur sexe, leur genre ou leur érotisme ? Ce n'est certainement pas en s'en tenant à une politique du ressentiment, de la culpabilisation et de la victimisation qu'un tel objectif peut être atteint. Au contraire, cette perspective crée ou anticipe un climat d'appréhension, de tension et de peur parfois digne des plus belles heures du film d'épouvante. Est-ce bien utile ? Est-ce même raisonnable ?

Dans une université montréalaise où j'ai naguère enseigné, certains professeurs avertissaient les étudiants et les étudiantes qu'ils allaient les regarder durant les cours – plutôt que de regarder dans le vide – et que cela ne constituait pas une forme de harcèlement sexuel, comme pouvait le suggérer une compréhension obtuse de la politique contre le harcèlement sexuel de l'établissement. Je dus moi-même me résoudre à prévenir mes étudiants et étudiantes que la nature de mes recherches sur la sexualité pouvait les choquer, auquel cas ils étaient libres de quitter la salle, et que le fait de relater ces recherches ne constituait d'aucune façon une forme d'incitation à quoi que ce soit. Mieux valait prévenir que guérir : certaines personnes considéraient en effet que la prostitution, les abus sexuels et la prévention du sida chez les hommes homosexuels, sujets de mes recherches de l'époque, n'avaient rien à voir avec l'objet de mes cours, l'intervention psychosociale. Il pouvait donc paraître suspect d'aborder ces questions avec des étudiants voulant devenir travailleurs sociaux. Pire, nombreux étaient les collègues des deux sexes qui n'osaient fermer la porte de leur bureau ou encore y recevoir une étudiante ou un étudiant sans la présence de tiers : le moindre mot, le geste le plus anodin, s'il était mal ou malicieusement interprété, pouvait briser une carrière, m'a-t-on affirmé. En tout homme – voire toute femme – en situation d'autorité, il y aurait un monstre qui sommeille... Petit à petit, la rectitude politico-sexuelle est, dans certains endroits, en train d'empoisonner la vie sociale et intellectuelle aussi sûrement que la censure la plus aveugle le fit jadis[4]. Ceci a pour conséquence que l'on ne parle plus d'hommes et de femmes réels mais de stéréotypes. La plupart des femmes sont des victimes passives – sinon réelles, du moins potentielles. La plupart des hommes sont des agresseurs ou des pervers impénitents. Quant à ceux qui prétendent le contraire...

---

4. On lira à ce sujet l'ouvrage de John Fekete, *Moral Panic – Biopolitics Rising*, Montréal, Robert Davies Publishing, 1994.

Avec la droite réactionnaire, on sait comment réagir, on connaît le discours depuis longtemps, mais avec la rectitude politico-sexuelle, au nom des meilleurs principes du monde, aucune règle ne tient, toute suspicion devient justifiée. N'importe quel homme peut ainsi se faire reprocher d'être un homme, c'est-à-dire un satyre, un violeur ou un psychopathe en puissance (dans l'ordre ou dans le désordre chronologique, au choix). L'idéologie essentialiste considère qu'un homme et tous les hommes, à la limite, c'est pareil. Pourquoi s'embarrasser de nuances? «Si ce n'est toi, c'est donc ton frère», concluait déjà la fable de La Fontaine *Le Loup et l'Agneau*...

Superposées, la perspective victimaire et la perspective essentialiste décrivent sans nuance la condition des hommes et la condition des femmes: entre l'homme le plus pacifique et le pire criminel, il existe une parenté; une simple question de degré les sépare. Les pires exactions se trouvent ainsi banalisées, puisque entre un regard et un viol, il y aurait continuité. De toute façon, la violence ne fait-elle pas partie de l'essence masculine? Justement: non. Les hommes le savent bien. La plupart des femmes aussi n'ignorent pas que ce type de généralisation est exagéré. Mais est-il seulement permis de le dire?

La dérive victimaire semble parfois engendrer une justice, pénale ou populaire, à deux paliers. Par exemple, peut-on raisonnablement prétendre que les femmes sont toujours victimes de situations qui leur échappent, alors que les hommes sont toujours pleinement responsables de leurs actes? Au moment d'écrire ces lignes, le cas d'une institutrice américaine qui a eu deux enfants avec un de ses élèves âgé de douze ans au moment de leurs premières relations sexuelles fait la manchette dans le monde entier. Un livre a même été publié par un éditeur français. Son titre est éloquent: *Un seul crime, l'amour*. Beaucoup de femmes sont enclines à voir dans ce fait vécu une histoire d'amour qui a mal tourné (elle s'est soldée par plus de sept ans d'emprisonnement pour la femme adulte, suite au non-respect des conditions d'une première condamnation : ne pas revoir le jeune). Or, peut-on seulement imaginer une telle compréhension pour un instituteur qui aurait eu de semblables relations avec une jeune élève ? Évidemment pas. Le film *Lolita*, basé sur un roman de Nabokov et mettant en scène une fille de douze ans et un homme adulte, follement amoureux d'elle, avait peu auparavant provoqué un scandale aux États-Unis (où il fut en grande partie boycotté, y compris par des propriétaires de salles de cinéma et des distributeurs). Quant à des relations sexuelles entre un homme adulte et un jeune adolescent, la condamnation est toujours sans appel. Loin de moi l'idée de vouloir banaliser ou comparer des abus sexuels que je réprouve, mais comment ne pas avoir l'impression qu'il existe un double standard dans l'appréciation des choses selon que le contrevenant ou la victime sont d'un sexe ou de l'autre ? Ne sommes-nous pas en train d'avaliser une attitude sexiste qui fait en sorte que les hommes sont blâmés pour leurs actes répréhensibles alors que les femmes sont présentées comme victimes des circonstances, sinon de leur propre psychologie ?

L'un des aboutissements logiques du féminisme serait l'amenuisement des préjugés et des discriminations en fonction du sexe, pas leur renforcement. Or le maintien de la pensée binaire et de ses idéologies fondamentalistes au sein du féminisme fait obstacle à la réalisation de cet objectif. Ce féminisme paradoxal finit par contredire ses principes initiaux en affirmant qu'il existe des différences fondamentales entre êtres humains selon leur sexe ou leur genre présumés. D'un côté les hommes, tous pareils, d'un côté les femmes, toutes semblables, comme s'il n'existait pas de disparité ou de diversité à l'intérieur de chaque groupe, et encore moins de similitudes entre les deux groupes. Pourtant, non, les hommes ne viennent pas de Mars et les femmes de Vénus. Nous sommes de la même espèce, nous vivons sur la même planète et nous partageons par conséquent les mêmes caractéristiques humaines, que nous les considérions tantôt comme des qualités, tantôt comme des défauts.

Leur sexe commande peu de conduites particulières chez les hommes ou chez les femmes. Ainsi, certains hommes s'avèrent plus sensibles ou plus maternants que beaucoup de femmes, et certaines femmes adoptent un comportement plus viril ou plus agressif que bien des hommes. L'opposition radicale des sexes n'est ni naturelle ni incontournable, et l'antagonisme des genres encore moins. Puisque le sexe ou le genre ne déterminent, hors d'un contexte culturel et historique donné, aucun désir, aucune conduite, aucun rôle social prédéterminé, les femmes ne possèdent aucune qualité essentielle dont seraient dépourvus les hommes et les hommes ne possèdent aucune qualité humaine qui ferait défaut aux femmes. Il en va de même des travers, évidemment, quel que soit ce que nous voulons bien entendre par ce mot. Le féminisme ne peut déboucher sur aucune solution s'il prêche que, par définition, le sexe est la destinée (là-dessus, les anti-féministes et les féministes paradoxales s'entendent à merveille pour maintenir le *statu quo*) et le genre, son exacte réplique.

Toute démonisation des hommes et toute sanctification des femmes relèvent de la fiction. L'idée inverse, qui a longtemps prévalu, il faut bien le dire, est évidemment tout aussi farfelue. Tôt ou tard, on doit se rendre à l'évidence qu'il existe des problèmes inhérents aux relations intimes entre humains. Ainsi, la violence conjugale existe aussi dans certains couples de femmes – ou d'hommes – et n'est donc pas uniquement un aléa des rapports entre hommes et femmes. La jalousie, la colère, l'infidélité ou encore le désir de posséder l'autre pour soi traversent tous les sexes, les genres et tous les érotismes. Ce sont des sentiments – certains diront des travers – humains. On peut le déplorer, mais difficilement le nier. C'est pourquoi l'amélioration des rapports entre les humains, hommes et femmes, nous concerne tous et toutes, car nous sommes pour la plupart condamnés à vivre ensemble (ce qui est une perspective pas si malheureuse que ça, du reste).

CHAPITRE IV

Chasse ouverte aux garçons féminins et aux filles masculines

Faisons un instant une petite incursion dans une cour d'école. Il y a toujours ce garçon, un peu en retrait, avec lequel les autres ne jouent guère, si ce n'est pour le harceler de quolibets, sinon de coups. Parce qu'il se montre moins sportif et moins batailleur que les autres, on dit qu'il fait fillette, si ce n'est tapette. Peu de garçons sollicitent sa compagnie: qui s'assemble se ressemble, dit-on. Effectivement, il a bien de la chance s'il se trouve un ou deux enfants comme lui dans le voisinage. Ils formeront un petite bande d'exclus, néanmoins méfiants les uns envers les autres: c'est que le mal que l'on dit d'eux, ils le croient aussi.

Dans un autre coin de la cour, une petite fille attire aussi l'attention. Non seulement elle ne craint pas les autres enfants, mais elle se mêle volontiers aux jeux des garçons les plus frondeurs, même si quelques-uns hésitent à l'intégrer, parfois la repoussent. Au besoin, elle n'hésite pas à se battre pour prendre sa place. Les garçons la trouvent bizarre, les autres filles aussi, même si quelques-unes l'admirent secrètement. Ses parents sont souvent inquiétés par l'école: cette enfant-là est manifestement trop agressive, trop « masculine ». Un garçon semblable passerait encore (il y aurait, à la rigueur, le Ritalin pour le calmer) ; un garçon a forcément tendance à l'hyperactivité, mais une fille, on n'y pense pas.

Voilà donc les parents de Sylvie chez le psy. Ils y croisent d'ailleurs ceux de Patrick qui fréquente, on l'a vu, la même école. Tous consultent le spécialiste à cause d'un problème similaire : leur enfant n'a pas une conduite conforme à son sexe. Pour son équilibre actuel et son bonheur futur, mieux vaut intervenir dès que possible : « N'auriez-vous pas dû y penser bien avant, puisque ces comportements ne datent pas d'hier, n'est-ce pas ? Savez-vous ce que vous risquez de faire de cet enfant-là si vous ne réagissez pas à temps ? » L'un des grands sexologues américains, Richard Green, n'a-t-il pas déjà prédit « qu'un garçon qui joue à la poupée à cinq ans couchera avec des hommes à vingt-cinq ans » ? Et le sort des filles viriles ne vaudrait guère mieux. Le psy le confirme à voix basse aux parents inquiets : homosexualité, travestisme, transsexualisme même guettent l'enfant qui ne se conforme pas d'emblée au genre dicté par son sexe. « Si vous voulez que votre enfant (re)devienne normal, vous savez ce qu'il faut faire. » Le changer. De gré ou de force.

Les enfants à la conduite prétendument non conforme à leur sexe biologique constituent une manne pour certaines cliniques de psychologie ou de sexologie. Ils remplacent en quelque sorte la clientèle homosexuelle qui, pour la plupart, ne réclame plus de traitement correctif depuis que l'homosexualité a été enlevée de la liste des troubles mentaux. Remplacer par les enfants jugés préhomosexuels les adultes qui le sont effectivement est une idée commercialement rentable. Comme les enfants ne font pas de lobbying politique et ne peuvent pas décider par eux-mêmes de ce qui est bon ou mauvais pour eux, ils constituent une clientèle captive. Cela, d'autant plus que la culpabilisation de leurs parents (père manquant, mère trop aimante, ou vice versa, tout est bon – ou mauvais – quand il s'agit de faire du terrorisme idéologique sur le dos des non-conformistes) fait en sorte qu'ils composent aussi une clientèle docile. Enfin, quel parent voudrait d'un fils homosexuel ou d'une fille lesbienne ou, pis encore selon la logique intégriste, d'un fils travesti ou d'une fille transsexuelle? Lorsqu'ils sont relayés par des soi-disant scientifiques, les préjugés sur le genre convenant ou non à chaque sexe engendrent une véritable panique.

Nous avons tous connu, dès notre enfance et par la suite, des petits garçons et des petites filles comme Patrick et Sylvie. Ils étaient souvent des souffre-douleur à l'école, si ce n'est dans leur famille. C'était le garçon que tout le monde traitait de fifi et de femmelette, c'était la fille que l'on disait insuffisamment féminine, trop garçon manqué pour être vraiment normale. Il est par ailleurs étonnant que l'époque qui s'est le plus acharnée à promouvoir l'égalité des hommes et des femmes soit demeurée si intolérante face aux individus non conformistes sur le plan du genre: manifestement, il y a des liens logiques et politiques qui ne se font pas...

Les spectateurs qui ont vu et apprécié le film *Ma vie en rose* auront eu un avant-goût de ce dont je parle. On ne peut qu'éprouver de la sympathie pour le petit Ludovic, rejeté de tous, de même que pour ses parents, dépassés, malgré toute leur bonne volonté, par son obstination à se montrer différent des autres en affichant ses goûts féminins. Ce qui laisse davantage perplexe, c'est la teneur des entrevues que le réalisateur du film, sans doute avec les meilleures intentions du monde, a accordées: le gamin qui a joué le personnage de ce garçon «féminin» a été suivi par un psychologue durant tout le tournage du film afin qu'il ne risque pas de devenir comme son personnage. Nous voilà rassurés. On aura compris que les valeurs promues par le film – la reconnaissance de la diversité – ne sauraient avoir cours dans la vraie vie. En tout cas, mieux vaut ne pas courir le risque... Que le garçon incarnant un Ludovic quelque peu efféminé prenne des tics de son personnage serait un drame (les garçons qui jouent dans des films où ils ont à se battre doivent-ils aussi suivre des thérapies afin de prévenir toutes conduites violentes subséquentes?). Bref, le message du film est plus ou moins invalidé par les précautions que l'on a prises pour s'assurer qu'aucun garçon – à commencer par le jeune acteur – ne risque de devenir comme Ludovic. La réalité ne saurait rejoindre la fiction. On verse une larme sur le sort d'un Ludovic fictif, mais on espère ne jamais rencontrer un cas similaire dans son propre entourage...

Les enfants soupçonnés d'être non conformes aux stéréotypes sexuels en vigueur sont l'objet de préventions, de menaces et, ce qui est pire, de thérapies de toutes sortes. Punitions et sévices leur sont quotidiennement infligés par ceux mêmes qui devraient les protéger : parents, intervenants scolaires, thérapeutes, institutions d'aide à la jeunesse. Comme personne ne songe à parler pour eux et encore moins à faire cesser les abus qu'ils subissent, ces jeunes sont victimes plus souvent qu'à leur tour d'ostracisme et de violence à l'école, dans la rue et dans les lieux de loisir, si ce n'est dans leur propre famille. Pourquoi s'en émouvoir ? N'est-ce pas normal qu'il en soit ainsi ? Les bien-pensants espèrent sans doute qu'une certaine dose de brutalité rendra ces garçons plus virils et donnera une bonne leçon aux filles qui refusent d'être aussi « femmes » qu'on voudrait qu'elles le soient. Le sort de ces dernières n'inquiète même pas d'ardentes féministes. Après tout, ces marginales ne sont peut-être que des transsexuelles ou des lesbiennes en devenir (c'est du moins ce que prétendent leurs thérapeutes). Aussi bien laisser tomber.

Je me souviens comment, jeune travailleur social stagiaire, j'avais frémi lorsqu'une intervenante, outrée par les comportements considérés déviants d'une mère de famille monoparentale qu'elle soupçonnait de lesbianisme (« Elle ne se maquille pas ; elle ne fréquente que des femmes ») et inquiète qu'elle ne transmette son « problème » à son fils (« Ce n'est pas des cours de piano qu'il devrait suivre, mais des cours de karaté pour devenir plus viril »), avait demandé qu'on lui enlève cet enfant. L'idéal, prônait la bonne dame, serait de placer le garçon en institution dans le but de lui donner une éducation normale, avec les figures masculines qui devaient sûrement lui manquer. Je n'avais pu retenir un cri du cœur: «N'est-ce pas Mozart que l'on assassine?» Cette répartie faillit me coûter la note de passage de mon stage et attira sur moi une attention que je ne méritais pas: qui défend les marginaux doit forcément l'être quelque peu...

Les fondements scientifiques de l'ostracisme subi par les enfants aux conduites jugées non conformes à leur sexe se trouvent dans le DSM IV, le manuel de critères diagnostiques proposé par l'American Psychiatric Association. Ce guide est généralement perçu comme LA référence en matière de traitement des troubles psychiques ou sexuels. Après avoir rayé, en 1973, l'homosexualité de la liste des troubles mentaux à la suite de pressions à la fois de ses propres membres (qui votèrent majoritairement en faveur de cette élimination) et des mouvements gai[1] et lesbien, l'APA se retrouvait confrontée au problème suivant: comment continuer de traiter les enfants et les adolescents considérés déviants par rapport à leur sexe sans avoir l'air de prévenir l'homosexualité (qui n'était désormais plus une maladie)? La solution fut de considérer comme problématiques des conduites de genre supposées atypiques par rapport au sexe biologique de l'enfant ou de l'adolescent. On appela cela des «troubles de l'identité de genre», perturbations qui se manifestent par au moins quatre des cinq critères suivants, toujours selon le DSM IV:

1. l'enfant exprime de façon répétée le désir d'appartenir à l'autre sexe ou affirme qu'il en fait partie;
2. chez les garçons, préférence pour les vêtements féminins ou pour un attirail d'objets permettant de mimer la féminité; chez les filles, insistance pour porter des vêtements typiquement masculins;
3. préférence marquée et persistante pour les rôles dévolus à l'autre sexe au cours de jeux de «faire semblant»

1. J'utilise la graphie «gai» et non «gay», bien que les deux orthographes soient acceptées.

ou fantaisies imaginatives persistantes d'appartenir à l'autre sexe ;

4. désir intense de participer aux jeux ou aux passe-temps typiques de l'autre sexe ;
5. préférence marquée pour les compagnons de jeu appartenant à l'autre sexe.

(Notons que « l'aversion envers les jeux brutaux » est donnée, plus loin dans le même texte, comme exemple de perturbation manifeste chez les garçons. Remarquons aussi le double standard : alors que les filles doivent montrer une insistance pour porter des vêtements masculins, il suffit aux garçons de préférer des vêtements ou un attirail féminins pour présenter la même anomalie.)

Officiellement, un tel diagnostic servirait à prévenir le transsexualisme. En réalité, toutes les études prospectives faites sur les enfants ou les adolescents traités en raison de leur non-conformité de genre montrent que seul un très petit nombre d'entre eux deviennent effectivement transsexuels[2]. Certains deviennent hétérosexuels, d'autres homosexuels, d'autres bisexuels. Certains se marient et ont des enfants. Certains, parmi les individus considérés hétérosexuels, conservent un faible pour le travestissement. Certains ont une identité de genre ou une orientation sexuelle diffuse, difficile à catégoriser (ce qui est décidément un problème pour des chercheurs qui veulent absolument classer tout le monde). Enfin, quelles que soient leurs préférences sexuelles ultérieures, plusieurs ont complètement abandonné, en vieillissant, les comportements pour lesquels ils avaient été amenés en thé-

2. J. Bureau, « Le devenir du conflit d'identité sexuelle chez l'enfant », *Revue sexologique*, vol. 6, n° 1 (sous presse au moment d'écrire ces lignes). Quoique je ne partage pas les points de vue de cet auteur (à qui je réponds d'ailleurs dans la même revue), ses réflexions et ses conclusions illustrent bien les prises de position d'une certaine sexologie.

rapie (quoique des auteurs notent, non sans inquiétude, que nombreux sont les hommes ayant conservé un sens artistique marqué : ils sont devenus musiciens, acteurs, designers, coiffeurs... horreur !).

Comme l'a écrit un sexologue spécialisé dans la thérapie de jeunes vivant apparemment un « conflit d'identité sexuelle », ce que l'on veut véritablement prévenir en traitant ces enfants, c'est non pas la transsexualité, mais bien « le devenir de l'orientation homosexuelle chez l'adolescent et l'adulte[3] ». Selon les recherches citées par ce thérapeute, le fait qu'un certain nombre des enfants atypiques quant au genre deviennent plus tard des adultes homosexuels ou bisexuels (dans une proportion qui varie énormément selon les études : généralement entre 20 % et 75 %, pour une moyenne se situant autour de 50 %) justifie pleinement le maintien, voire le renforcement, des interventions correctrices à leur endroit.

Le thérapeute et, grâce à son appui, le parent qui estime que le non-conformisme de genre est quelque chose d'anormal feront tout ce qui est en leur pouvoir pour transformer, sinon punir, l'enfant perçu comme déviant. Le résultat en est qu'un grand nombre de garçons considérés comme féminins, de filles considérées comme masculines et d'adolescents des deux sexes seulement soupçonnés d'être (pré)homosexuels, (pré)bisexuels ou (pré)transsexuels sont (mal)traités contre leur gré. L'inhumanité de plusieurs de ces traitements est patente. Médication forcée, privations diverses (y compris de nourriture), immobilisations physiques, enfermement, électrochocs (eh oui, ça existe encore en certains endroits) sont appelés à la rescousse quand la psychothérapie par la parole ne donne pas les résultats escomptés. Quel que soit le succès relatif de leur traitement, une chose demeure certaine : au terme de ce processus, ces jeunes auront appris à détester une partie d'eux-mêmes et à devenir intolérants face aux mêmes caractéristiques lorsqu'elles se manifestent chez les autres,

3. J. Bureau, art. cité.

auquel cas ils seront des preuves vivantes que « ça » marche, nourrissant d'autre chair fraîche les ogres qui ont dévoré leurs âmes.

Dans son percutant ouvrage intitulé *Gender Shock*[4], Phyllis Burke décrit les affres que traversent en Amérique du Nord les enfants traités en raison de leur prétendue non-conformité de genre. Il n'est pas rare que leur parcours aboutisse à une hospitalisation psychiatrique, avec toutes les conséquences que cela implique. Or, n'oublions pas que nous parlons d'enfants et d'adolescents. Les récits de vie authentiques que présente Phyllis Burke dans son ouvrage rappellent ceux d'ex-victimes de bourreaux d'enfants, voire de camps d'internement nazis. Certains thérapeutes rivalisent en effet avec les pires prédateurs d'enfants dans le sadisme dont ils font preuve pour arriver à leurs fins : amener un jeune à ne plus être lui-même. Les séquelles physiques, psychologiques et relationnelles qu'éprouvent les rescapés de ces traitements inutiles et barbares sont comparables à celles qui affectent les rescapés des pires violences physiques et sexuelles, et pour cause, puisqu'il s'agit en effet de violences physiques et sexuelles, fussent-elles perpétrées pour de « bons motifs ».

J'ai connu une personne, maintenant dans la trentaine, ayant enduré de tels sévices. Alarmés par les goûts féminins de leur garçon, ses parents l'avaient conduit chez un thérapeute réputé dans le traitement de ce type de problème. Craignant que leur fils ne devienne homosexuel ou transsexuel, ils donnèrent carte blanche au spécialiste. Ce dernier n'hésita pas à recourir à des séances d'électrochocs et d'administration de vomitifs. Interrogés vingt ans plus tard sur les raisons pour lesquelles ils avaient enduré que l'on inflige de tels traitements à leur enfant, les parents déclarent : « À l'époque, nous étions ignorants : nous croyions ce qu'on nous disait, que c'était bon pour lui, qu'il ne fallait pas trop poser de questions. Maintenant, nous savons que nous avons été trompés et nous aimons notre enfant comme il est. »

---

4. P. Burke, *Gender Shock*, New York, Anchor Books, 1996.

L'intégrisme identitaire continue malheureusement de faire des victimes en laissant libre cours à une intolérance, à un ostracisme et à une violence scientifiquement assistés à l'égard d'enfants et d'adolescents qui ne peuvent s'y soustraire. Combien de filles jugées trop masculines et de garçons que l'on dit efféminés sont ridiculisés ou battus par leurs compagnons de classe, rejetés par leurs parents, puis abandonnés entre les mains de thérapeutes employant des procédés similaires aux abuseurs d'enfants les plus pervers ? Les plus débrouillards de ces jeunes se retrouveront dans la rue, où ils auront fui pour échapper à cet enfer, quitte à en affronter un autre, mais libres, cette fois. Combien de ces garçons se retrouveront itinérants, danseurs nus ou prostitués ? Combien de jeunes filles présumées masculines seront perçues comme délinquantes, quand elles ne seront pas violées par un bon apôtre soucieux de les « remettre dans le droit chemin » ? Nous ne le savons pas précisément, mais Phyllis Burke, reprenant les chiffres fournis par les « spécialistes » qu'elle dénonce, estime que ces cas sont très nombreux[5]. Le prix à payer pour la transgression des stéréotypes de genre est donc élevé : il va du ridicule au traitement comme malade mental, en passant par la punition, le rejet à la rue, les mauvais traitements (c'est le cas de le dire) et la privation de liberté. L'hécatombe est effrayante, sans que personne, ou presque, n'ose encore remettre en question les idéologies identitaires, fondamentalistes et normatives qui sont à l'origine de ces pratiques.

Dans un tel contexte, il n'est pas étonnant que le non-conformisme de genre (c'est-à-dire le sentiment d'être non conforme à son sexe biologique) soit le motif numéro un de suicide chez les garçons en Amérique du Nord[6]. Alimentée par tout un arsenal de thérapeutes et d'experts alarmistes, la

---

5. P. Burke, ouvr. cité, p. 66.
6. J. Harry, « Parasuicide, Gender and Gender Deviance », dans G. Remafedi (dir.), *Death by Denial*, Boston, Alyson, 1994.

crainte de ne pas être ou de ne pas devenir un « vrai homme » hante les petits Nord-Américains. Ils n'ont que trop bien compris le message qu'on leur envoie : plutôt que de les voir féminins, androgynes ou, pire, homosexuels, on préfère encore les voir morts...

Comme on l'a vu, au dire même des thérapeutes qui le posent, le diagnostic de trouble de l'identité de genre s'applique le plus souvent à des jeunes soupçonnés d'être homosexuels ou bisexuels, du moins en puissance[7]. Il est possible qu'il y ait parfois un lien entre l'identité de genre et l'identité érotique ultérieure d'un individu : après tout, les différences de sexe ou de genre sont volontiers présentées comme complémentaires. Pas surprenant, donc, qu'un garçon qui se sent attiré vers les garçons croit qu'il doit être féminin ou qu'un garçon plutôt féminin pense qu'il plaira davantage à une personne de son sexe. La féminité de certains jeunes préhomosexuels est peut-être moins une cause qu'un effet de leur attrait pour le même sexe : l'hétérocomplémentarité (complémentarité par la différence) étant la plus valorisée dans notre culture, il n'est pas étonnant que ceux qui veulent plaire à des personnes de même sexe développent des qualités de genre opposées à celles de leurs partenaires éventuels. Paradoxalement, un garçon rejeté par les autres à cause de son non-conformisme de genre découvrira souvent que la seule façon de se rapprocher d'autres garçons est de les séduire. La situation de certaines jeunes filles n'est pas tellement différente face aux personnes de leur sexe. La sexualité peut en effet être une façon de se rapprocher de quelqu'un lorsque toutes les autres stratégies ont échoué.

Dans sa recherche sur les souvenirs d'enfance de cent quatre-vingts jeunes hommes homosexuels, Ritch Savin-

7. L'hypocrisie d'une pareille démarche est bien démontrée par Eve Kosofsky Sedgwick dans son article « How to Bring Your Kids Up Gay », dans *Fear of a Queer Planet*, M. Warner (dir.), Minneapolis, University of Minnesota Press, 1993.

Williams[8], psychologue et professeur à l'Université Cornell, note que nombre d'entre eux rapportent avoir ressenti, durant leur enfance, de l'attrait pour des jeux et des activités généralement réservés aux filles ainsi qu'un désintérêt face aux activités dites masculines, en particulier les sports d'équipe et les jeux violents. Comme les filles auraient, par ailleurs, moins tendance à rejeter les garçons moins masculins, ces derniers préféraient leur compagnie comme partenaires de jeux ou de loisirs. Les garçons dits préhomosexuels vivent en fait un paradoxe : ils se sentent attirés par la masculinité, mais sont le plus souvent ridiculisés et rejetés par les garçons dits « masculins ».

Nombre de jeunes préhomosexuels sont susceptibles d'être étiquetés déviants parce qu'ils n'adhèrent pas aux normes dominantes concernant à la fois le masculin et l'érotisme hétérosexuel. Ils sont souvent les cibles de thérapeutes intolérants face aux différences, bien que ces spécialistes avouent parfois eux-mêmes avoir un impact limité quant aux goûts intimes de leur clientèle. La thérapie vient difficilement à bout du désir. Même les interventions les plus radicales débouchent généralement sur des échecs cuisants : comment en effet arriver à guérir quelque chose qui n'est pas une maladie, mais une façon d'être, un désir, une manière de (se) penser ?

Les résultats des thérapies destinées aux « mal genrés » sont minces ? Qu'importe : la haine de soi inculquée au jeune dissident se traduira bientôt par des dépressions, de la toxicomanie, des tentatives de suicide, autant de motifs supplémentaires pour justifier d'autres interventions à son endroit. L'ostracisme et le rejet croissant de son milieu, quand ce n'est pas la violence homophobe, se chargeront de maintenir le plus possible les non-conformistes dans un état d'appréhension, de peur ou d'angoisse.

---

8. R. C. Savin-Williams, « ... *And Then I Became Gay* » : *Young Men's Stories*, New York, Routledge, 1998.

Dans nos cultures, le masculin est d'ordinaire considéré comme un plus, le féminin comme un moins: la preuve en est que le pire outrage à faire à un homme, c'est encore le traiter de « femmelette ». On aura noté que ce n'est pas tant l'homosexualité qui choque chez les garçons, le cas échéant, que les manifestations de sensibilités associées à une féminité jugée infériorisante pour un homme en devenir. Pour un mâle, faire preuve de féminité, ce serait fatalement déchoir. La situation d'une fille est quelque peu différente: donner à voir trop de masculinité signifie perdre son statut d'objet sexuel plus ou moins passif. La jeune fille masculine n'est donc plus une « vraie » femme, étant apparemment une cause perdue pour l'accomplissement de la complémentarité des sexes. Bref, elle devient inutile, d'où la volonté de nier son existence, de l'« invisibiliser » le plus possible. Dans la logique de l'intégrisme identitaire, ce type de femmes ne saurait exister.

L'enfance et l'adolescence sont le plus souvent des périodes éprouvantes, voire traumatisantes, pour les garçons et les filles au genre non conformiste. Forcer un enfant à être autrement qu'il ne l'entend sur le plan de son identité de genre (ou encore de son identité érotique) constitue assurément une forme insidieuse de violence et d'abus à son endroit. Les troubles de l'identité de genre sont des diagnostics fabriqués afin de nier ou d'abolir la diversité sexuelle. Les thérapeutes qui se font les zélateurs de ces traitements agissent, consciemment ou non, comme les idéologues d'une politique qui refuse l'égalité et la pluralité des genres. Ils ne sont pas sans rappeler certains idéologues de la pensée raciste, qui refusent l'égalité et la pluralité de ce que l'on appelle, d'ailleurs assez abusivement, les ethnies ou les races. Comme l'idéologie raciste, l'idéologie de l'intégrisme identitaire mène tout droit à l'intolérance, au rejet des « pas comme nous » et à la violence dirigée contre ceux et celles qui persistent à manifester leur différence.

L'intégrisme identitaire qui entend nous prescrire des comportements en fonction de notre sexe biologique est finalement tout aussi dangereux que le fondamentalisme religieux ou le totalitarisme: il impose un modèle de conduite unique, rigide et oppressant. Il tourne même à l'obsession lorsque la misogynie, le sexisme et l'homophobie conjugués arment des thérapeutes pour corriger ces erreurs de la nature que seraient les garçons féminins, les filles masculines et les adolescents prétendument en route vers une orientation homosexuelle ou bisexuelle. Le sort de ces exclus sert d'ailleurs de leçon à tous les mâles ; s'ils ne veulent pas être dénoncés, classés et soignés comme déviants, ils savent à quoi s'en tenir ! *Idem* pour les femmes qui s'aventurent à ressembler de trop près aux hommes: elles rencontreront toute leur vie la suspicion de ne pas être tout à fait normales.

Le fondamentalisme identitaire suppose que le masculin et le féminin s'évaluent à partir des vêtements, des manières, de la gestuelle, de la coiffure, de la voix, des activités préférées, donc de ce qui relève de l'apparence ou de la conduite de la personne, bref, de son aspect extérieur le plus immédiatement visible. On comprend dès lors l'importance de l'adhésion aux stéréotypes de sexe et de genre: un homme viril est préférablement brusque et costaud; une femme féminine est plutôt gracile et délicate. À l'évidence, cette prémisse est pourtant fausse: nous sommes davantage que nos comportements. Ces derniers ne sont d'ailleurs pas forcément en accord avec nos élans les plus intimes. Dans certains cas extrêmes, la scission est totale. J'ai connu un bon grand-père qui, arrivé à l'âge de la retraite, annonça à ses enfants qu'il allait maintenant réaliser le rêve de sa vie: devenir une femme. Ce qu'il fit, du reste. Or, au dire même de ses intimes, rien chez cet homme ne laissait présager une telle éventualité. Sa féminité était restée son jardin secret, qu'il avait néanmoins entretenu pendant des décennies avant d'en révéler l'existence uniquement lorsqu'il le jugea à propos.

Dans notre culture, l'homme dit efféminé ou même androgyne passe pour être l'antithèse de l'homme idéal. La femme virile ou trop androgyne est présentée comme le négatif de la femme modèle. L'idéologie intégriste les associe à tous les vices, à tous les dérèglements, à toutes les perversités. Le brouillage des sexes est perçu comme une menace, une anarchie, une sédition, ce qui explique la chasse faite aux jeunes ambigus des deux sexes. Il faut les sauver malgré eux du péril qui les guette ou du moins les mettre hors d'état de nuire en utilisant à leur égard le ridicule, l'ostracisme, le rejet, sans oublier cette arme insidieuse qu'est le mépris de soi très tôt enseigné à ces jeunes : « Vous n'êtes pas normaux, vous n'êtes pas des vrais hommes ou des vraies femmes et si vous ne vous amendez pas, vous ne mériterez aucune considération : vous resterez les ratés de la division naturelle des sexes et des genres. »

Si l'on veut vraiment aider les enfants et les adolescents au genre non conformiste à survivre dans un environnement intolérant ou hostile à l'égard des différences, il faut, plutôt que les changer de gré ou de force, les aider à être bien tels qu'ils sont et à rendre leurs milieux de vie (familles, écoles, loisirs, etc.) plus réceptifs à la diversité. Cela requiert un travail de sensibilisation et d'éducation considérable, dont le message principal (le respect des autres, semblables ou différents) peut néanmoins passer par le quotidien. Car c'est au quotidien que nous assistons sans réagir, quand nous n'y participons pas, à cette chasse ouverte à ceux et celles qui auraient « mauvais genre ».

CHAPITRE V

Se jouer des rôles : androgynes, entre-deux et autres transgenrés

Notre sexe anatomique est généralement identifiable à notre naissance, tandis que notre genre, lui, est le résultat d'une lente construction personnelle et culturelle, sans doute jamais tout à fait achevée. Au grand dam des idéologues intégristes, la rigidité des rôles et des comportements attribués à chaque genre s'est assouplie avec l'émancipation des femmes et la visibilité accrue de ce que l'on appelle (à mon avis à tort) les « minorités sexuelles[1] ». Ce mouvement semble difficilement réversible, malgré la résistance farouche des fondamentalistes identitaires de tous bords, qui se veulent gardiens d'une tradition différentialiste reposant sur l'opposition des genres masculin et féminin. La non-conformité de genre dérange car elle rappelle que, par-delà la biologie, la physiologie et les apparences, il existe de multiples façons d'être un homme, une femme ou, plus simplement, un être humain.

Dans les années soixante-dix, la psychologue Sandra Bem a, la première, souligné que le masculin et le féminin n'étaient

1. La notion de « minorités sexuelles » suppose qu'il existerait une « majorité sexuelle », ce qui n'est pas évident.

pas antagonistes, mais qu'ils constituaient plutôt deux continuums différents, susceptibles de se superposer, parfois de fusionner[2]. On peut ainsi être à la fois très masculin et très féminin, donc androgyne. Une personne peut aussi être peu masculine sans être pour autant féminine ou s'avérer peu féminine sans être pour autant masculine ; elle sera par conséquent plus ou moins neutre. Puisque les hommes et les femmes ne sont pas tous hommes et femmes de la même façon, il existe probablement une infinité d'identités de genre incorporant ce qu'il est convenu d'appeler le masculin et le féminin, mais aussi l'androgynie (c'est-à-dire la fusion ou la superposition chez une même personne du féminin et du masculin) et même le genre neutre (c'est-à-dire l'absence ou la faible présence du féminin et du masculin chez un individu : c'est ce que j'appelle l'entre-deux). Sans compter les transgenrés, qui sont susceptibles de passer d'un genre à un autre, le plus souvent dans un but ludique – s'amuser, mimer le féminin ou le masculin pour se moquer des stéréotypes, s'exciter sexuellement ou exciter son ou sa partenaire, par exemple – ou dans un dessein contestataire – rendre visibles les ambiguïtés sexuelles.

Androgynes, entre-deux et transgenrés[3] sont des empêcheurs de tourner en rond. Ils et elles nous forcent à nous poser des questions sur les rapports et les ruptures entre le sexe et le genre. Le masculin n'est pas le propre des hommes ; le féminin n'est pas le propre des femmes. Non seulement existe-t-il des passerelles entre les genres masculin et féminin, mais encore existe-t-il des zones intermédiaires entre les

2. S. Bem, « The Measurement of Psychological Androgyny », *Journal of Consulting and Clinical Psychology*, n° 42, 1974.
3. On aura noté que j'emploie ce mot dans un sens très précis, c'est-à-dire pour désigner les personnes qui se plaisent à passer d'un genre à un autre. Cela exclut donc, dans la plupart des cas, les personnes transsexuelles, chez qui cette transition est généralement permanente et répond à des besoins différents, pas seulement ludiques. Cela inclut, en revanche, les travestis, transformistes, *drag queens* et *drag kings*, bref toutes les personnes qui jouent sur leur identité de genre.

deux, où les différences s'estompent. Alors que la personne androgyne est la synthèse, la symbiose des deux genres conciliés en un seul être, l'individu entre-deux rend indifférenciables, donc caducs, les repères de genre. Tous deux brouillent ainsi les frontières entre le masculin et le féminin dans un rapport au monde qui se moque des stéréotypes. Être androgyne, être entre-deux et, à plus forte raison, être transgenré, c'est moins adopter une apparence originale que développer une façon créative d'être soi, par-delà les conventions de genre.

Pour les intégristes identitaires, l'androgynie, l'entre-deux ou le transgenrisme constituent des tares. Toute féminité chez un homme est perçue comme une déchéance et la masculinité chez une femme est vue comme quelque chose de déplacé. Neutre ? Ce n'est pas permis. La hiérarchie des sexes ne postule-t-elle pas que le masculin est supérieur au féminin ? Un homme qui manifeste du féminin, fût-il en d'autres circonstances tout à fait « masculin », déchoit. Il déçoit souvent aussi autant les individus de son sexe, aux yeux desquels il apparaît comme un transfuge ou comme un traître, que les personnes de l'autre sexe, peu incitées ou habituées à apprécier la féminité chez un homme. Inversement, une femme qui fait montre de « virilité » paraîtra suspecte aux yeux de la plupart des autres femmes et agressante aux yeux de beaucoup d'hommes qui n'acceptent pas aisément qu'une femme s'arroge leurs présumées « qualités ».

Peu d'hommes sont aussi ridiculisés et méprisés dans notre culture que les hommes considérés féminins. On les appelle d'ailleurs « efféminés » (terme péjoratif, atteste le dictionnaire Robert) pour bien marquer l'opprobre jeté sur eux du fait qu'ils se rendent eux-mêmes féminins : un homme qui s'abaisse à penser ou à agir comme une femme ne mérite aucun respect. En abdiquant sa supposée supériorité virile (qui ne supporterait guère le moindre relâchement), il se place en position d'infériorité par rapport aux autres hommes. Il n'est donc pas surprenant que ces derniers ne se gênent pas pour l'insulter ou l'agresser. Cette intolérance va parfois jusqu'au meurtre tellement l'idéologie machiste amène certains hommes à croire qu'un homme féminin ne mérite pas de vivre.

Le sort réservé aux femmes jugées trop masculines ou même androgynes n'est guère plus enviable. Du fait qu'elles ne se conforment pas aux stéréotypes féminins, elles ne sont plus des femmes, du moins aux yeux de la majorité des hommes. Une femme qui ne correspond pas aux standards sexuels ou érotiques en vigueur remet en cause le fait qu'elle a un sexe. Puisque le féminin est vu comme le complément obligé du masculin, la femme qui ne montre pas, ou pas suffisamment, sa féminité remet en cause son statut séculaire de « complément » du masculin. Cela peut être une chance pour elle, dans la mesure où cela l'amènera à s'affranchir du regard des autres (en particulier de celui des hommes); cela peut aussi être un enfer que de se voir ainsi déconsidérée dans son existence même.

Dès l'Antiquité, l'homme supposé « passif » était la cible de tous les quolibets. Le premier empereur romain, Jules César, soupçonné d'être aussi complaisant pour ses partenaires sexuelles féminines que pour ses partenaires masculins (un sexologue le dirait aujourd'hui bisexuel de type passif), était vilipendé à cause de cette supposée « mollesse ». On disait qu'il était le mari de toutes les femmes et la femme de tous les maris. Qu'un homme ne fût pas toujours en position de dominance, surtout s'il détenait un pouvoir politique, semblait monstrueux. De surcroît, l'apparence assez androgyne de l'empereur, qui se faisait épiler le corps entier et qui manifestait une certaine coquetterie, renforçait chez certains les doutes sur sa capacité de conduire les affaires de l'État avec toute la force de caractère nécessaire. Le pouvoir étant par définition viril, il était inconcevable qu'un individu qui ne l'était pas suffisamment, du moins aux yeux de ses détracteurs, assume la fonction suprême[4].

---

4. C'est notamment l'historien Suétone, presque un contemporain de l'empereur, qui raconte cela dans sa *Vie des douze Césars*, Paris, Le Livre de Poche, 1961.

Le stéréotype a décidément la vie dure : depuis des lustres, le féminin chez un homme est perçu comme un signe de faiblesse et de déchéance. Ce n'est pas un hasard si les pires insultes que l'on puisse adresser à un homme sont celles qui lui attribuent des caractéristiques féminines : « femmelette », « tantouze », etc. L'idée qu'il y a un genre, masculin ou féminin, et un rôle social relativement précis qui en découle pour l'homme et la femme sert en partie à définir ce qui est sain ou malsain, normal ou anormal, rassurant ou dangereux pour chaque sexe. Aux yeux de la plupart de nos contemporains, sexe anatomique et genre social doivent être superposables.

La notion de rôle sociosexuel associé de très près au genre mérite qu'on s'y arrête quelque peu. Alors que le sexe, rappelons-le, est d'ordre biologique, donc relativement objectif, le genre relève du social, du culturel, du relationnel. Il est par conséquent davantage subjectif, puisque dépendant de l'adéquation de la personne à certaines attentes de ses proches, de son milieu, de sa culture d'appartenance. Certes, le sentiment d'appartenance à un genre est d'abord psychologique : dans quelle mesure l'individu fait-il siennes certaines caractéristiques associées à la masculinité ou à la féminité ? L'apparence, la gestuelle, l'habillement, la coiffure, la voix, les activités et styles de vie, les interactions personnelles et même les modes de séduction figurent parmi les principaux repères qui servent à définir le genre d'une personne. Elle est du genre auquel elle démontre appartenir. Tout dépend donc de la façon dont elle « performe » comme homme ou comme femme, c'est-à-dire de la manière dont elle joue son rôle d'homme ou de femme.

La métaphore avec le théâtre – où les comédiens jouent aussi des rôles, quoique de façon très consciente, quant à eux – n'est pas un hasard. Le rôle sociosexuel que nous adoptons ne peut faire fi des prescriptions et des attentes sociales relativement à ce qui est considéré masculin ou féminin. Il est donc bien davantage acquis qu'inné. Certes, dans notre société, les rôles sociosexuels ont à ce point évolué au cours des dernières décennies qu'il serait aujourd'hui hasardeux de vouloir déterminer ce qui relève et relèvera toujours, exclusivement, du masculin ou du féminin. Les rôles sociosexuels attribués à chaque genre diffèrent parfois grandement d'une culture ou d'une époque à une autre. Il existe néanmoins des repères, pouvant aussi s'appeler stéréotypes, qui définissent ce qui sied ou non à chaque sexe, à chaque genre. Aux yeux des intégristes identitaires, ce sont des *must*.

Il est symptomatique que, à la télévision comme au cinéma, les personnages androgynes, entre-deux ou tout au moins non conformistes quant à leur genre étaient jusqu'à assez récemment forcément ridicules, pathétiques ou détestables. Une politique de la censure américaine, le code Hays[5], exigeait un tel *a priori*. Confusion ou fusion des genres ne pouvaient être que de mauvais augure; c'est du moins ce que le public devait croire. Bien que ce code soit aujourd'hui tombé en désuétude, le non-conformisme de genre continue d'éveiller la méfiance; ne pas avoir l'air d'un « vrai » homme ou d'une « vraie » femme est perçu au mieux comme une amusante bizarrerie, au pire comme un signe de déséquilibre, sinon de perversité. Il n'y a guère d'exceptions à la règle. Même dans le très beau film *Le secret est dans la sauce* (dont le titre original en langue anglaise est *Green Fried Tomatoes*), il est frappant de constater que le personnage principal, une jeune femme androgyne, voire masculine, est devenu très féminin avec les années, comme si tout devait rentrer dans l'ordre afin de rendre ce personnage vieillissant, joué par Jessica Tandy, encore plus sympathique aux yeux du grand public.

Dans leur sagesse, les Premières Nations qui peuplèrent l'Amérique différenciaient pour la plupart le sexe et le genre. Mieux encore, elles reconnaissaient que le masculin et le féminin n'étaient pas, respectivement, le propre d'un seul sexe. Beaucoup de peuples amérindiens accordaient même plus d'importance au genre qu'au sexe d'un individu dans la définition de son identité. Cela a donné l'institution que les Européens

5. V. Russo, *The Celluloid Closet*, New York, Harper & Row, 1981.

qui (re)découvraient le continent appelèrent les « berdaches ». Le mot « berdache » vient en fait du perse et signifiait à l'origine « jeune esclave ». Il fut diffusé en Europe par l'entremise des Arabes, pour lesquels il désignait le plus jeune partenaire d'une relation homosexuelle. Ce terme d'origine étrangère est aujourd'hui rejeté par les Amérindiens, qui lui préfèrent, non sans raison, l'expression « personne-aux-deux-esprits » (*two-spirit people*), qui a l'avantage de souligner la dimension spirituelle prêtée au phénomène.

C'était généralement entre l'âge de neuf et douze ans qu'un jeune adolescent était reconnu comme une personne-aux-deux-esprits, bien que cette reconnaissance pouvait aussi s'effectuer plus tardivement. Le même phénomène existait également chez les jeunes filles, quoique à un degré moindre, semble-t-il. Des rêves prémonitoires, riches en symboles, avertissaient parfois l'enfant ou l'adolescent de cette vocation, à laquelle il pouvait dès lors se dire appelé. Le grand respect que manifestaient les Amérindiens envers les Esprits et la Nature leur dictait non seulement de ne pas tenter de contrarier ceux-ci, mais d'intégrer harmonieusement les différences qui émergeaient, à leur appel, chez les êtres humains.

Dans la plupart des cultures amérindiennes traditionnelles, les garçons féminins ou non conformes aux critères courants de masculinité étaient non pas stigmatisés, mais encouragés à devenir des personnes-aux-deux-esprits. Dans plusieurs tribus, il en allait de même avec les filles masculines ou androgynes. Ces peuples avaient compris que l'esprit masculin et l'esprit féminin font partie de chacun de nous et que leur présence simultanée chez un même individu crée une personne aux caractéristiques estimables. La relative androgynie des personnes-aux-deux-esprits passait pour être un signe de pouvoirs exceptionnels, d'ordre spirituel et thérapeutique, chez ces individus. Aussi, le statut des hommes et des femmes aux-deux-esprits était souvent supérieur à celui des autres membres du clan ; non seulement leur demandait-on de s'occuper de la vie spirituelle du groupe, mais ils étaient aussi fréquemment guérisseurs, conseillers dans les affaires difficiles (qu'elles relèvent de la vie matrimoniale ou de la politique, par exemple) et éducateurs des jeunes. Chamans, ils devenaient en quelque sorte les équivalents de nos prêtres et de nos médecins d'aujourd'hui. Par ailleurs, leur sens artistique était admiré et on les disait si travailleurs que, lorsque venait le temps de prendre conjoint, certains guerriers préféraient épouser un homme-aux-deux-esprits, ce qui était généralement très bien accepté puisque la différence des genres, répétons-le, l'emportait alors sur la différence des sexes. Autrement dit, un homme masculin pouvait très bien épouser un homme féminin ou androgyne et une femme féminine, épouser une femme masculine ou androgyne. Personne n'y trouvait à redire. Il n'était pas exceptionnel qu'un chef épouse un homme-aux-deux-esprits ; certaines femmes-aux-deux-esprits furent elles-mêmes des chefs de tribus et épousèrent des femmes. Outre le fait que, dans ce dernier cas, l'épouse pouvait avoir eu des enfants d'une union précédente, les couples de même sexe pouvaient aussi adopter des enfants orphelins (qui ne manquaient pas à l'époque). Ce qui eût paru bizarre au plus haut point, c'eût été que deux personnes du même genre soient amoureuses l'une de l'autre. Il était tout simplement inimaginable que deux hommes masculins, deux hommes féminins ou androgynes, deux femmes féminines ou encore deux femmes masculines ou androgynes puissent former un couple.

Des personnes-aux-deux-esprits de sexe biologique masculin ont été identifiées par les historiens et les anthropologues dans plus de 155 nations amérindiennes de l'Amérique du Nord. Ce nombre est significatif. L'existence d'un statut équivalent pour des femmes a été formellement attestée dans au moins le tiers de ces cas (il faut ajouter que l'intimité des femmes avait, jusqu'à assez récemment, moins intéressé les historiens et les chercheurs). En fait, les anciens Amérindiens croyaient en l'existence d'un troisième genre et même d'un quatrième genre, composés respectivement par les hommes androgynes ou féminins et les femmes androgynes ou masculines. Hormis chez quelques peuples reconnus pour être particulièrement guerriers, voire agressifs, les personnes qui appartenaient à ces troisième et quatrième genres étaient partout respectées et parfaitement intégrées à la vie communautaire[6].

C'est la colonisation européenne – quand ce n'est pas l'extinction de ces peuples – qui a perverti leurs coutumes et saccagé leurs traditions. On a ainsi éliminé culturellement, sinon physiquement, les personnes-aux-deux-esprits et effacé jusqu'à leur existence, c'est-à-dire leur histoire personnelle et collective. L'un des premiers massacres commis par les explorateurs du Nouveau Monde fut d'ailleurs l'extermination de personnes-aux-deux-esprits, décrétée par Balboa dans la région de ce qui est aujourd'hui Panama. Horrifié par le spectacle qu'offraient le frère du roi de cette nation et sa cour, pour la plupart des hommes-aux-deux-esprits, Balboa eut recours au châtiment le plus sadique qu'il pût imaginer : faire dévorer vivants, par des chiens préalablement affamés, cette quarantaine d'hommes « dénaturés ». Ce crime commis au début du XVIe siècle en annonçait bien d'autres. En fait, les personnes-aux-deux-esprits ont été à ce point stigmatisées et dépréciées par les colonisateurs que même les membres de leur propre tribu sont peu à peu devenus intolérants à leur endroit. Le rejet de cette institution fut et demeure l'une des conséquences de l'acculturation des autochtones de l'Amérique. Confrontées à l'intolérance, beaucoup de vieilles personnes-aux-deux-esprits se sont isolées ou suicidées. Les historiens et les anthropologues qui étudient cette réalité rencontrent aujourd'hui encore de vives résistances. Dans les cultures amérindiennes actuelles, sont considérées gênantes l'existence et

6. W. Rosco, *Changing Ones*, New York, St. Martin's Press, 1998. Voir aussi à ce sujet : W. L. Williams, *The Spirit and the Flesh*, Boston, Beacon Press, 1988 et S. E. Jacobs et autres, *Two-Spirit People*, Chicago, University of Illinois Press, 1997.

la reconnaissance passées d'hommes féminins ou androgynes et de femmes masculines ou androgynes, ayant eu de surcroît des rapports avec des personnes de leur sexe. Il a fallu un fort courant de revitalisation de ces cultures pour que l'on commence timidement à s'intéresser au phénomène plutôt que d'en avoir honte.

On redécouvre ainsi que nombre de cultures amérindiennes traditionnelles possédaient un modèle égalitaire d'intégration du masculin et du féminin. Comme les sexes n'étaient pas aussi hiérarchisés que chez les conquérants venus d'Europe (les femmes amérindiennes participaient volontiers aux décisions et pouvaient être à la tête d'une tribu), il n'était pas mauvais ou dégradant pour un homme de développer sa féminité, tout comme il n'y avait rien de répréhensible à ce qu'une femme exprime sa masculinité, que ce soit dans leurs activités, dans leur apparence ou dans leurs relations amoureuses et sexuelles (incluant le mariage entre hommes ou entre femmes, pourvu qu'ils ne soient pas du même genre, ce qui aurait été apparenté à l'inceste). Chez ces peuples, le sexe et le genre n'étaient pas, comme chez nous, considérés comme équivalents. Un homme marié à une personne-aux-deux-esprits de sexe masculin conservait la même identité sociosexuelle que ses congénères ayant épousé des femmes. La complémentarité dans le couple était réputée passer par la différence des genres et non par celle des sexes (ce qui, en définitive, est le contraire du point de vue de nos contemporains).

Dans toute société, le statut du féminin est en relation avec le statut des femmes : plus les femmes sont estimées, valorisées et respectées, plus tout ce que l'on définit comme féminin l'est aussi. Lorsqu'on n'a pas de préjugés sexistes ou misogynes, le masculin et le féminin s'équivalent. C'est pourquoi l'on ne s'étonne pas de voir que, dans des cultures amérindiennes où les femmes avaient un statut relativement égal à celui des hommes, un statut tout aussi respectable était accordé aux hommes féminins de même qu'aux femmes masculines. Quand il n'existe pas de hiérarchie de sexe, il peut difficilement y avoir une hiérarchie de genre. Et vice versa.

Il est difficile de comparer les personnes-aux-deux-esprits d'antan avec nos catégories modernes. Les deux-esprits n'étaient pas des individus homosexuels au sens que nous donnons à ce terme : bien qu'ils eussent le plus souvent des partenaires de même sexe, ces derniers n'étaient pas du même genre (c'est cela qui eût paru inconvenant). Ils n'étaient pas non plus des travestis au sens que l'on donne actuellement à ce terme : le port de vêtements de l'autre sexe ou plus ou moins neutres n'impliquait pas que ces personnes copiaient la féminité ou encore mimaient la masculinité. Elles avaient le sentiment d'être appelées à porter les deux esprits. Leur condition n'avait donc pas grand-chose à voir avec le travestisme, qui consiste le plus souvent en une érotisation des vêtements ou des manières de « l'autre » sexe, ce qui expliquerait pourquoi la majorité des travestis ont plutôt un érotisme hétérosexuel. Enfin, les deux-esprits n'étaient pas non plus des transsexuels, puisque les possibilités chirurgicales et hormonales d'aujourd'hui étaient alors inimaginables. La meilleure façon de décrire les personnes-aux-deux-esprits est de les représenter comme des androgynes ou des entre-deux, autrement dit des personnes qui pouvaient incarner à la fois le masculin, le féminin et le genre neutre. C'est d'ailleurs à ce titre qu'elles étaient appelées à tenir une place spéciale, mais jamais marginale, au sein de la tribu.

Qu'en est-il aujourd'hui du sort des androgynes, des entre-deux ou encore des transgenrés ? On aura beau dire que les choses ont récemment évolué, il n'en demeure pas moins que l'ambiguïté est tout à la fois source d'inconfort et de fascination (cette dernière étant souvent un mélange d'attirance et de peur devant ce qui est méconnu). Cela dit, il est possible qu'une subversion subtile des catégories binaires de genre fasse graduellement son œuvre, que ce soit dans les arts (la chanson, le théâtre, le cinéma, etc.) ou dans la mode et la publicité. Pareille évolution doit néanmoins composer avec l'éternel retour des stéréotypes de genre: pour un Tootsie combien de Rambo? Le fondamentalisme identitaire n'abdique pas si aisément...

Les apparences sont aujourd'hui souveraines. Paradoxe de taille: jamais le muscle masculin n'a été aussi porté – et populaire –, alors qu'il n'a jamais été si peu nécessaire. La musculature masculine n'est plus un outil de travail, mais uniquement un attribut sexuel secondaire. Alors que les différences entre hommes et femmes tendent à s'amenuiser partout, dans leurs rôles sexuels, professionnels, parentaux ou politiques, les vieux archétypes physiques reprennent du galon. Séances de *bodybuilding,* suppléments alimentaires, voire stéroïdes anabolisants à la rescousse, les garçons et les hommes d'aujourd'hui entendent plus que jamais «faire mâles». Simultanément et très paradoxalement, ils adoptent néanmoins des préoccupations il y a peu réservées aux filles et aux femmes: l'hyperconscience et le souci de leur corps, qu'ils veulent glabre (par rasage ou épilation, le cas échéant), avec des rondeurs calculées, éternellement juvénile. Naguère réservée à la gent féminine, l'utilisation du corps comme source de valorisation et outil de séduction s'impose aux hommes. Faites le test: il y a maintenant davantage de nudités masculines que de nudités féminines dans la publicité (la rectitude politico-sexuelle y est sans doute pour quelque chose: personne ne se plaint de voir des hommes dévêtus transformés en hommes objets). À tous points de vue, le corps masculin subit désormais le même traitement que le corps féminin.

Dans la même logique androgyne, le *look* féminin se marie volontiers avec le *look* masculin. La femme idéale, telle que représentée dans l'art et dans la mode, par exemple, ne cesse de grandir et de s'amincir. Pour elle aussi, le *look* sportif et juvénile semble être un incontournable. En fait, la femme idéale ressemble parfois à un adolescent. Quoique l'hyperféminité soit toujours valorisée, elle peut à présent aller de pair avec un naturel et une désinvolture androgynes: la même femme peut tantôt incarner la vamp, tantôt devenir la copine sportive. S'il est exagéré de dire que l'apparence androgyne occupe les devants de la scène, il est sûr qu'un certain jeu sur le genre est aujourd'hui possible, à condition toutefois de maintenir quelques subtiles différences symboliques, qui marquent malgré tout LA différence. Par exemple, on croit qu'un homme devrait forcément être – et paraître – plus fort qu'une femme, et une femme, demeurer plus frêle qu'un homme (les propos volontiers désobligeants sur les championnes de *bodybuilding* en disent long à ce sujet). Parce que plus que jamais semblables dans leurs (pré)occupations et même dans leur apparence, la plupart des hommes et des femmes maintiennent la fiction du féminin et du masculin pour se rassurer eux-mêmes. Semblables mais différents.

Il n'en demeure pas moins que certains sont plus téméraires, plus créatifs ou plus contestataires que d'autres. Les transfuges du genre envahissent ainsi les écrans de cinéma ou de télé et sortent même dans la rue à toute heure. Les frontières entre les genres sont allègrement franchies par des saboteurs (de moins en moins marginaux?) des identités traditionnelles de genre. Les travestis (chez qui la transformation en personne de l'autre sexe / genre a un caractère plus ou moins régulier) et les transformistes (ou *drag queens* ou *drag kings*) qui, comme le mot le suggère, modifient leur apparence sporadiquement, le temps d'un *party*, d'une sortie nocturne ou d'un spectacle font partie du quotidien, ou presque. Paradoxe, là encore : il faut être un homme « culotté » pour oser se présenter en femme et affronter l'incrédulité, les rires (sympathiques ou pas), les commentaires désobligeants et parfois la violence. Plusieurs jeunes hommes qui aiment se travestir en public vous le diront : leur personnage peut alors avoir un certain succès, mais l'individu qui lui sert de support restera le plus souvent solitaire. Un garçon qui se travestit, ça ne fait pas très sérieux, c'est quand même bizarre et puis ça fait une drôle de fréquentation... Les francs-tireurs de la déconstruction des genres paient le prix de leur témérité : stars d'un soir, mais prisonniers des critères d'une normalité sans strass et sans paillettes. Le personnage peut être célébré alors que celui qui l'incarne est souvent sujet de moqueries, sinon de rejet. L'homme à qui l'on prête des manières féminines n'a pas la cote dans notre culture. On se moque des «hommes roses»; que ne dit-on pas des hommes travestis? Ce sort explique peut-être l'humour noir si particulier des travestis, des transformistes et de certains hommes gais féminins: le *camp*.

Le *camp*, c'est à la fois une distanciation ironique par rapport aux stéréotypes de genre (on s'en moque) et leur stylisation théâtrale plus ou moins extravagante (on les exagère davantage qu'on ne les reproduit). En mettant en lumière le caractère artificiel, affecté et parfois ridicule des archétypes de genre, travestis, *drag queens* et *drag kings* font œuvre de critique sociale. Tout à la fois, et peut-être assez paradoxalement, ils reprennent le binarisme des sexes, mais pour le saper allègrement. Dans leur esthétisme et leur humour si particuliers, il y a de l'ironie, certes, mais aussi une note de désespoir: ils savent que la fête, un instant permise, va forcément se terminer. La transgression des genres est fascinante, voire séduisante, précisément parce qu'on la sait plus ou moins passagère, étant normalement plus ou moins proscrite: la répulsion et l'attrait sont les deux côtés d'une même médaille. Cela explique sans doute pourquoi tant d'hommes plutôt machos prennent plaisir à se travestir le temps d'un carnaval ou d'une soirée costumée. C'est l'occasion, sinon la permission, d'incorporer en eux ce qu'ils évitent soigneusement de montrer le reste du temps: leur féminité.

Tous les motifs peuvent être bons – ou mauvais, selon le point de vue – pour se travestir. Chez certains hommes, ce peut être autant la fétichisation que l'adulation du féminin ou de ses caractéristiques. Chez certaines femmes, c'est parfois l'instructive occasion de tester la différence du traitement réservé aux hommes. Certaines féministes n'ont pas manqué de clouer au pilori les hommes qui imitaient les femmes, voyant une parodie de mauvais goût dans ce qui est pourtant le plus souvent un jeu, parfois un hommage (chez les personnificateurs de vedettes féminines, cet aspect est évident). Ce n'est pas un hasard si autant de travestis prennent pour modèles les grandes stars : elles incarnent véritablement un style et, à tous points de vue, un genre. Les *drag queens* vont encore un peu plus loin en soulignant à grands traits les stéréotypes de genre, de façon à montrer comment ils sont artificiels et contingents, d'où le caractère sciemment humoristique, voire clownesque, de ces performeurs.

Le phénomène des travesties féminines et des *drag kings* est moins connu et moins visible que celui des travestis de sexe masculin et des *drag queens*. Il existe néanmoins. Mais comme de tout temps le costume masculin a volontiers été porté par les femmes, à la ville comme à l'écran, cela surprend peut-être moins. Nous avons probablement tous vu la célébrissime scène du film *Morocco,* durant laquelle Marlène Dietrich, vêtue en homme, chante dans un cabaret en tentant de séduire simultanément un homme et une femme – elle embrassera cette dernière sur la bouche. L'ambiguïté du personnage fait la force de ce numéro d'actrice. On ne sait pas ce qui est joué et ce qui ne l'est pas. De multiples interprétations sont possibles. Là repose toute la charge émotive non seulement du travestisme mais, de façon plus générale, de l'androgynie ou de la confusion des genres : ils déstabilisent les repères usuels et sollicitent ainsi l'imagination.

Contrairement aux transsexuels, les travestis et les transformistes ne veulent pas changer de sexe, mais (se) créer l'illusion, pour une période déterminée, qu'ils sont de l'autre sexe, ou du moins qu'ils possèdent certains des attributs apparents de l'autre sexe et du genre qui lui est associé. Leur transformation n'est généralement pas physiologique, mais seulement esthétique ou cosmétique, donc superficielle et réversible. Elle n'est pas forcément totale non plus : un homme peut aimer s'habiller en femme tout en conservant sa barbe, par exemple. Le travesti met à nu la fiction des identités de sexe et de genre. Il peut être un homme ou une femme, masculin ou féminin. L'identité de sexe ou de genre qu'il simule apparaît dès lors comme un jeu, une représentation, une performance, une imitation, toujours un exutoire.

Même lorsqu'ils donnent à voir les aspects les plus stéréotypés d'un sexe ou d'un genre, les travestis et les transformistes sont, fût-ce malgré eux, des résistants à l'apartheid du sexe, des rebelles au fondamentalisme identitaire. Passant d'un camp à un autre, ils sont souvent perçus comme des désaxés ; on pourrait, à l'inverse, les voir comme des héros, tellement courageuse est leur volonté de se montrer différents envers et contre tout conformisme. Travestis et transformistes montrent que l'on peut se jouer des identités de sexe et de genre, que ces choses-là ne sont ni tout à fait sérieuses ni tout à fait permanentes, que la représentation sexuée et sexuelle de soi est une affaire de convention, mais aussi, jusqu'à un certain point, de créativité. Certes, on ne choisit pas son corps ni ses dispositions ou ses goûts. En revanche, on peut choisir comment faire avec (y compris prendre plaisir à se moquer des conventions de sexe ou de genre).

Androgynes, entre-deux et transgenrés tantôt nous dérangent, tantôt nous réjouissent parce qu'ils déstabilisent nos repères en ce qui concerne l'identité sexuelle et sexuée. Leur visibilité accrue dans notre culture, en particulier au cinéma, n'est peut-être pas un hasard : cela signifie que de plus en plus d'hommes et de femmes, qui s'identifient à ces personnages, veulent sortir des ghettos de genre. Fatigués des discours identitaires, sectaires ou intégristes dans le domaine de la sexualité, comment ne pas avoir le goût de nous identifier un instant à ces résistants au déprimant fondamentalisme identitaire ? Ne sont-ils pas les explorateurs d'un monde différent, qu'ils découvrent et qu'ils créent tout à la fois ? Passeurs de frontières, ils annoncent non pas la fin des genres – la chute du fondamentalisme identitaire n'est malheureusement pas pour demain –, mais la possibilité, l'innocuité et le plaisir de passer de l'un à l'autre.

«Si l'on veut sauver l'homme, il faut lui donner la chance d'être un peu plus femme, de temps à autre», a écrit le philosophe Marc Chabot[7]. Il n'a pas tort. À l'inverse, le fait d'assumer une certaine masculinité ou une certaine androgynie n'a-t-il pas été un des moteurs du féminisme de la première heure, qui refusait tout stéréotype de genre? Androgynie et subversion des genres ne constituent pas une panacée. Il s'agit, ni plus ni moins, de la manifestation, sinon de la célébration, du plein potentiel humain: masculin et féminin conciliés dans un aménagement le plus souvent original, étonnant, festif.

---

7. M. Chabot et S. Chaput, *À nous deux!*, Montréal, VLB éditeur, p. 80.

TROISIÈME PARTIE

Toutes tendances confondues
À propos des identités érotiques

Ce qu'il est convenu d'appeler l'orientation sexuelle a donné forme dans notre culture à une identité bien définie. Pour la plupart des individus, être hétérosexuel, homosexuel ou même bisexuel signifie faire partie d'une collectivité relativement homogène, composée respectivement de ceux et celles qui érotisent les personnes de l'autre sexe, ceux et celles qui érotisent les personnes du même sexe, enfin ceux et celles qui érotisent les personnes des deux sexes. Que cette façon de voir les choses soit récente – elle remonte à cinquante ou cent ans, tout au plus – ne change en rien la ferveur avec laquelle tout un chacun se croit obligé d'adhérer à cette classification. Reconnaissant l'importance aujourd'hui accordée à notre érotisme dans la définition de nous-mêmes, j'appellerai identité érotique ce sentiment d'appartenance à une collectivité en raison des désirs, des fantasmes, des pratiques sexuelles et des choix de partenaires que l'on partagerait avec l'ensemble de ses membres. On remarquera que je considère cette identité comme potentiellement labile et fluctuante. L'identité reposant sur un sentiment à la fois d'inclusion et d'exclusion, il est en effet vraisemblable que nos affinités électives et nos expériences de vie puissent nous amener à nous redéfinir au cours de notre existence, y compris sur le plan érotique.

CHAPITRE VI

Une hétérosexualité qui n'est pas ce que l'on croit

L'idée que les hommes et les femmes constituent deux sexes opposés est aujourd'hui si communément acceptée qu'on oublie qu'il n'en a pas toujours été ainsi. Selon l'historien Thomas Laqueur, la conviction que les deux sexes forment des catégories totalement distinctes est très récente dans l'histoire de l'humanité[1]. C'est seulement vers la fin du XVIIIe siècle que l'on a commencé à croire qu'aux genres féminin et masculin correspondaient deux sexes opposés. Avant cette époque, il y avait consensus, même chez les savants, pour affirmer que le sexe féminin était en quelque sorte un dérivé du sexe masculin. Misogynie aidant, le corps féminin était en effet perçu comme une version intérieure et inférieure du corps masculin. Ainsi, les organes sexuels féminins étaient considérés comme une copie inversée des organes masculins. Même les menstruations et la lactation étaient apparentées à des processus physiologiques communs aux deux sexes. Il y a donc deux cents ans à peine que l'on a commencé à concevoir les hommes et les femmes comme appartenant à des sexes distincts, étrangers, voire opposés.

---

1. T. Laqueur, *La Fabrique du sexe*, Paris, Gallimard, 1992.

Auparavant, le genre tendait à définir le sexe: on était un homme ou une femme parce que l'on démontrait les qualités propres au genre masculin ou au genre féminin.

On comprendra que la révolution qui consista à représenter les sexes mâle et femelle comme des opposés ne fut pas sans affecter la façon de rationaliser les désirs éprouvés par les hommes pour les femmes et par les femmes pour les hommes. L'expression consacrée selon laquelle «les contraires s'attirent» ne peut exister que dans un contexte où hommes et femmes peuvent effectivement être considérés comme des contraires. Il faudra pourtant attendre la fin du XIXe siècle pour voir apparaître la notion d'hétérosexualité – c'est-à-dire une sexualité orientée vers l'autre sexe. L'historien Jonathan Katz a montré que le terme *hétérosexualité* eut d'abord un sens péjoratif – il désignait initialement un attrait sexuel morbide pour l'autre sexe – avant de définir une attraction très légitime[2]. Si les sentiments et les comportements hétérosexuels ont évidemment toujours existé, il n'en va donc pas de même pour le concept d'hétérosexualité. On peut aujourd'hui affirmer qu'il fut développé en réaction au concept d'homosexualité apparu quelques années plus tôt (autour de 1870) dans le discours sexologique alors naissant. Ce n'est finalement qu'au début du XXe siècle que les catégories *hétérosexualité* et *homosexualité* telles que nous les connaissons à l'heure actuelle furent consacrées par le langage et par la culture populaires comme des façons non seulement de vivre ses désirs et sa sexualité mais aussi de se définir en tant qu'individu.

Si l'on peut dire d'une personne qu'elle est attirée par «l'autre sexe», c'est que prédomine désormais l'idée qu'il existe deux sexes et que ceux-ci sont opposés. Cette notion de sexes opposés implique trois choses. D'abord, les sexes seraient antagonistes, c'est-à-dire non seulement en opposition, mais aussi en conflit potentiel (thèse qui sera par ailleurs

2. J. N. Katz, *The Invention of Heterosexuality*, New York, Dutton, 1995.

reprise par certains courants féministes: on ira jusqu'à parler de la «guerre des sexes[3]»). Ils seraient de surcroît étrangers l'un à l'autre, chaque catégorie de sexe étant considérée comme exclusive. Enfin, ces deux sexes seraient également complémentaires, c'est-à-dire prédisposés à se compléter l'un l'autre. Dans *Le Banquet*[4], Platon ne raconte-t-il pas que l'humanité primitive était notamment constituée d'êtres androgynes composés d'une partie mâle et d'une partie femelle? C'est après que Zeus eut décidé de les punir de leur orgueil en sectionnant ces androgynes en deux que leurs moitiés mâle et femelle se sont mises à vouloir se réunir de nouveau, ce qui expliquerait l'attrait que les hommes ressentent pour les femmes et vice versa[5].

Notre conception moderne du désir hétérosexuel a été beaucoup influencée par notre représentation antagonique des sexes (et aussi des genres). La séduction n'apparaît-elle pas aux yeux de la plupart des hommes et des femmes comme une course à obstacles? Les résistances à vaincre pour avoir accès au partenaire convoité peuvent revêtir plusieurs formes: séparation des sexes, des âges, divergence de statut social, éloignement physique, réticence de l'Autre ou de ses proches, que ces résistances soient réelles ou anticipées, contribuent à créer la tension amoureuse ou érotique. Sans antagonismes et sans risques (concrets ou imaginaires), le désir

3. Voir notamment Susan Faludi, *Backlash: la guerre froide contre les femmes*, Paris, Des Femmes, 1993 et Marilyn French, *La Guerre contre les femmes*, Paris, L'Archipel, 1992.
4. Platon, *Le Banquet*, Paris, Le Livre de Poche, 1967, p. 68 et suiv.
5. Il est intéressant de noter que Platon expliquait de la même façon l'attrait des hommes envers d'autres hommes et des femmes envers d'autres femmes. Les hommes et les femmes primitifs étaient aussi, selon sa théorie, des êtres doubles, composés de deux hommes collés ensemble ou de deux femmes collées ensemble. Ceux qui descendent d'une coupe d'homme de l'humanité primitive recherchent donc d'autres hommes, tandis que celles qui descendent d'une coupe de femme de l'humanité primitive sont attirées par des femmes.

s'affadit et la tension qui l'entretient semble se relâcher. Pas étonnant que les oppositions entre partenaires forment la trame de presque toute la littérature amoureuse ou érotique. Du roman au cinéma, la plupart des intrigues passionnelles tournent autour de conflits, de rivalités, de méprises, d'impostures ou de malentendus entre un homme et une femme ou entre leurs milieux respectifs. La « confrontation polémique[6] » constituerait même la clé de voûte des romans d'amour populaires. Dans la littérature comme dans la réalité, le rapport sexuel ou amoureux sert précisément à vaincre, fût-ce l'espace d'un instant, les appréhensions et les résistances de l'Autre.

Tout commence toujours par une rencontre. Nous sommes des êtres sexués. Sexuels aussi. Deux êtres humains qui se rencontrent, c'est une complémentarité virtuelle. C'est peut-être une nouvelle histoire d'amour – ou de sexe – qui s'écrit. Combien de jumelages possibles existe-t-il ? Une infinité, sans doute. Tous semblables, tous différents, nous sommes à la recherche de l'Autre. Cette quête génère un formidable brassage de corps et d'esprits, donc de caractéristiques physiques, psychologiques, relationnelles, sociales ou autres. Considérée comme la plus courante, la complémentarité entre hommes et femmes, qu'elle soit amoureuse, érotique ou sexuelle, a inspiré de très nombreux artistes (une bonne partie de la chanson populaire porte là-dessus !). Aussi, est-il étonnant que si peu de scientifiques aient songé à en comprendre la dynamique.

Dès lors que la science s'est intéressée à ces questions, les impératifs de la reproduction de l'espèce ont servi à expliquer non seulement le dimorphisme sexuel (c'est-à-dire les différences physiologiques entre les sexes), mais aussi la complémentarité de l'homme et de la femme. Le nécessaire contact de leurs organes génitaux dans la reproduction suffisait à

6. J. Bettinotti et autres, *La Corrida de l'amour : le roman Harlequin*, Montréal, XYZ, 1986.

démontrer qu'il existait entre le mâle et la femelle une complémentarité biologique fondamentale. L'arrivée récente des nouvelles technologies de reproduction a bouleversé cette représentation: la reproduction peut maintenant être séparée de l'acte sexuel. Déjà, depuis l'invention des moyens contraceptifs modernes (dont la fameuse «pilule»), l'acte sexuel pouvait être complètement dissocié de la reproduction. Cette double révolution implique que ce qui paraissait improbable, voire impossible auparavant, fait aujourd'hui partie du quotidien: des couples homme/femme qui décident de ne jamais avoir d'enfants et, plus récemment, des couples infertiles ou même des couples de femmes qui ont des enfants naturels, par exemple.

Si des aspects biologiques ou sociaux ont été invoqués depuis au moins cent ans comme preuves tout à la fois de l'opposition et de la nécessaire réunion des sexes mâle et femelle, les aspects psychologiques et relationnels ont sans doute pris le relais désormais. L'enfantement n'étant plus forcément le but ultime, c'est maintenant la poursuite de l'équilibre et du bonheur personnels qui sert à rationaliser la formation du couple homme/femme. L'un sans l'autre, l'homme et la femme seraient incomplets sur les plans psychique et relationnel. Pareille croyance a donné lieu à ce que des féministes américaines ont appelé, sans doute un peu durement, l'hétérosexualité compulsive ou obligatoire. Cette dernière ressemblerait moins à une attirance spontanée qu'à un mode de complémentarité plus ou moins imposé, en particulier aux femmes: elles ne seraient rien sans un homme à leur côté.

L'idéal de complémentarité des sexes fait en sorte qu'avoir un homme comme partenaire amoureux est la meilleure façon d'être une femme. Tout comme avoir une femme comme partenaire sexuelle est la meilleure façon de devenir un homme. Une certaine sexologie populaire a bien enfoncé le clou: les différences hommes/femmes seraient forcément complémentaires. Or, non seulement cela n'est pas toujours vrai, mais cette complémentarité est souvent beaucoup plus subtile ou complexe qu'on ne le croit. Il y a parfois plus de similitudes que de différences entre les sexes et bien des différences dans ce qui apparaît au premier abord comme similaire.

Sont par définition complémentaires toutes les caractéristiques physiques, psychologiques ou relationnelles qu'un individu ressent subjectivement comme des manques. Peu importe, en fait, qu'il possède lui-même ou non lesdites caractéristiques. Ainsi, un homme masculin peut très bien trouver complémentaire une femme plutôt masculine, et un homme androgyne être amoureux d'une femme qui l'est tout autant. Si nous observons quelque peu les couples qui nous entourent, nous nous apercevons que la complémentarité entre deux personnes repose généralement à la fois sur leurs différences et sur leurs ressemblances, cela dans un équilibre toujours aléatoire, précaire et original. Rien n'est automatique dans ce domaine-là.

Il est vraisemblable que, pour former un couple viable, deux personnes doivent être suffisamment différentes pour avoir des choses à s'apprendre et assez semblables pour pouvoir se comprendre (par exemple en ayant quelques intérêts et objectifs en commun). Quant à savoir quel dosage de ressemblances et de différences serait idéal, subjectivement, pour chacun de nous, il est impossible de répondre à une telle question. De surcroît, nos besoins et nos attentes peuvent varier au cours de notre vie, ce qui explique en partie nos changements de partenaire. Pourtant, même lorsque l'objet de notre quête amoureuse change, l'objectif que nous poursuivons demeure le même : posséder, du moins symboliquement, les qualités ou les caractéristiques de l'Autre que nous ressentons comme des manques en nous-mêmes. À l'origine du jeu d'import-export qui se dessine entre deux partenaires amoureux ou sexuels, il y a la recherche de ce qui saura apparemment combler leur finitude. Le rapport sexuel ou même son évocation en fantasme ne permettent-ils pas d'incorporer à soi les caractéristiques ou les attributs les plus intimes de l'Autre ?

Il existe en fait une grande diversité de complémentarités possibles dans un couple homme / femme. Que deux personnes soient de sexes différents ne signifie pas forcément qu'elles soient de genres différents. Hommes et femmes ont besoin, à des degrés divers et de façon sans doute changeante, à la fois de masculinité et de féminité. Si l'on considère qu'il existe au moins trois genres, c'est-à-dire un genre androgyne, un genre féminin et un genre masculin (sans compter le genre neutre), on obtient des alliances hommes / femmes qui peuvent tabler aussi bien sur des ressemblances que sur des différences. On peut ainsi aimer ou érotiser une personne de l'autre sexe et d'un autre genre, mais aussi quelqu'un qui appartient à l'autre sexe et au même genre que soi. À l'inverse, on peut très bien imaginer – et effectivement rencontrer – des couples de même sexe mais de genres différents. Autrement dit, l'hétérosexualité ne se fonde pas toujours, ou du moins pas uniquement, sur de l'attrait pour la différence ; pas plus que l'homosexualité ne suppose seulement de l'attrait pour la ressemblance. On peut même croire qu'un homme masculin aimant une femme masculine serait plus « homo » dans son attrait pour la similitude qu'un homme homosexuel plutôt masculin dont le partenaire serait, lui, très féminin. N'y a-t-il pas une certaine attirance « hétéro », c'est-à-dire pour le différent, dans ce dernier cas ? Les couplages et les permutations possibles entre partenaires selon leur genre et leur sexe sont donc multiples. Le tableau qui suit en donne un aperçu.

Tableau des complémentarités possibles quant au sexe et au genre

Partenaires de sexes et de genres différents
Femme féminine / homme masculin
Femme féminine / homme androgyne
Femme androgyne / homme masculin
Femme androgyne / homme féminin
Femme masculine / homme féminin
Femme masculine / homme androgyne

Partenaires de sexes différents et de même genre
Homme masculin / femme masculine
Femme androgyne / homme androgyne
Homme féminin / femme féminine

Partenaires de même sexe et de genres différents
Homme masculin / homme féminin
Homme androgyne / homme masculin
Homme féminin / homme androgyne
Femme féminine / femme masculine
Femme androgyne / femme féminine
Femme masculine / femme androgyne

Partenaires de même sexe et de même genre
Deux hommes masculins
Deux hommes androgynes
Deux hommes féminins
Deux femmes féminines
Deux femmes androgynes
Deux femmes masculines

Comme on le voit, les différences et les similitudes quant au sexe et au genre peuvent être multiples. Il y a parfois plus de ressemblances entre deux personnes de sexes différents qu'entre deux partenaires de même sexe. Inversement, il peut exister davantage de dissemblances entre deux personnes de même sexe qu'entre deux partenaires de sexes différents. Pour peu que l'on admette que le sexe et le genre ne se confondent pas (ce qui est l'une des thèses centrales de cet ouvrage), il faut bien reconnaître que les sexes ne sont pas si opposés que cela : chaque homme et chaque femme composent différemment avec leur masculinité, leur féminité ou leur androgynie, puis avec celles de leurs partenaires éventuels. Il y a tellement de façons d'être un homme ou une femme qu'il est simpliste de parler d'une complémentarité naturelle, pour ne pas dire automatique, entre hommes et femmes, quels qu'ils soient.

L'Autre n'est pas uniquement appréhendé par le biais de son sexe, mais aussi par le biais de son genre. On pourrait évidemment ajouter à ce panorama de multiples autres caractéristiques personnelles qui singularisent chaque individu : son statut social, son âge, son origine ethnique, son éducation, les ressources dont il dispose, sa culture d'appartenance, etc. Dans cette gamme de complémentarités possibles, il y a toujours quelque chose d'homo et quelque chose d'hétéro, c'est-à-dire un attrait pour ce qui relève du même et une attirance pour ce qui relève du différent.

Certes, érotisme et exotisme vont souvent de pair. Objet de mystère, de curiosité et d'intérêt qui dépassent généralement la seule dimension sexuelle, la personne désirée comble forcément un besoin resté sans réponse. Mais, à l'évidence, on peut volontiers ressentir le besoin d'avoir davantage de ce que l'on possède déjà. Le manque est une impression éminemment subjective. Je peux avoir le sentiment de manquer de ce que je n'ai pas, mais aussi de ce que je possède déjà à profusion. Preuve en est qu'il existe des couples où l'homme et la femme se ressemblent tellement qu'ils peuvent passer pour des jumeaux (alors qu'il existe des couples composés de personnes de même sexe que tout différencie).

Que les intégristes le veuillent ou non, un homme aime une femme comme un homme aime un homme, et une femme aime un homme comme une femme aime une femme. Dans chaque cas, il y a, quoique à des degrés divers, complémentarité tout à la fois en raison de différences et en raison de ressemblances. À l'origine du désir se trouve une volonté de dépassement de soi et de son incomplétude : peu importe que la solution provienne d'un homme masculin, féminin ou androgyne, d'une femme masculine, féminine ou androgyne ou même d'une personne au sexe indéterminé. Bref, on recherche ce que l'on n'a pas ou pas suffisamment, ce que l'on craint perdre ou ce dont on a peur de manquer. Ce sont les espoirs ou les résultats de cette quête qui rendent la vie plus belle, en nous donnant l'impression d'être comblés ou complets l'instant d'un sourire, d'un baiser, d'une caresse, d'un orgasme. Le désir et l'amour sont toujours uniques, inespérés, quasi miraculeux. Que nous les ressentions pour un homme, une femme ou un être ambigu n'y change rien.

Toutes les raisons du monde sont bonnes pour aimer ou pour érotiser quelqu'un. C'est le père qui ne nous a pas assez aimé ou la mère qui nous a manqué. Ce peut être aussi un souvenir heureux que l'on cherche à reconstruire avec un partenaire symbolisant l'objet de notre affection d'antan : la mère, le père, mais aussi l'institutrice, la sœur, le frère, l'ami-e, etc. Les processus par lesquels les hommes et les femmes tombent amoureux les uns des autres demeurent toujours les mêmes : le manque, le risque, l'idéalisation, l'expérimentation, l'anticipation, le plaisir de donner du plaisir, etc. Les humains sont attirés vers d'autres humains parce qu'ils sont perfectibles et qu'ils recherchent la complémentarité idéale (ne plus faire qu'un, comme le disait déjà Platon). À travers leurs expériences amoureuses ou érotiques, hommes et femmes s'attendent à être délivrés de leurs démons intérieurs, à exorciser ou à revivre leur passé, à conjurer leurs peurs et leurs traumatismes, bref à jouir du présent comme jamais.

Nous n'y pouvons rien: lorsque les êtres humains s'aiment et se désirent, ils ne se préoccupent guère des normes en vigueur pour décider de ce qu'ils ressentent et envers qui. Être amoureux d'une femme, d'un homme ou d'un être au sexe mystérieux n'a pas beaucoup d'importance pour celui ou celle qui est épris (hormis, évidemment, s'il est préoccupé par le qu'en-dira-t-on). L'amour peut transcender le sexe, le genre, parfois même l'érotisme. C'est en partie l'histoire du célèbre film *Le Cri des larmes,* dans lequel un terroriste hétérosexuel tombe amoureux d'un travesti qu'il avait initialement pris pour une femme. Aussi déconcertant que cela puisse paraître, cette imprévisibilité fait sans doute partie intégrante du processus amoureux ou érotique: nous séduit qui nous étonne.

CHAPITRE VII

À qui appartient l'homosexualité ?

Masculine ou féminine, l'homosexualité est un phénomène aussi complexe que l'hétérosexualité. Ce n'est pas peu dire. En dépit de l'avancement des connaissances à ce sujet, l'attraction amoureuse, érotique ou sexuelle demeure encore quelque chose de relativement mystérieux et jusqu'à un certain point indicible[1]. Le statut de l'homosexualité demeure l'objet de nombreux débats dans les sociétés occidentales. Cette grande diversité de points de vue n'est pas sans conséquence sur le vécu de ceux et celles qui ressentent, un jour ou l'autre, une attirance pour une personne de leur sexe. En fait, quatre grandes oppositions se dégagent de l'ensemble des discours, des écrits et des représentations concernant l'homosexualité ; elles divisent profondément les mouvements gais et lesbiens et laissent la population perplexe.

La première tension oppose l'idéologie intégrationniste à l'idéologie séparatiste. Le courant intégrationniste postule que l'homosexualité est partout présente dans la société et qu'elle devrait par conséquent être traitée exactement de la même façon que l'hétérosexualité quant aux droits sociaux, aux libertés civiles et aux privilèges réservés aux couples et

1. Un de mes ouvrages précédents, *La Mémoire du désir* (Montréal, VLB éditeur, 1995), faisait précisément le point sur l'attirance érotique.

aux familles. Est ainsi recherchée la parité sociale et juridique de tous les citoyens, quels que soient leur sexe, leur genre et surtout leur érotisme. Aussi, la non-reconnaissance des unions de fait, voire des mariages, entre personnes de même sexe, est l'une des injustices contre lesquelles luttent activement les intégrationnistes. La plupart des lobbies politiques gais s'inscrivent d'ailleurs dans cette mouvance : reconnaître jusqu'à un certain point les normes sociales afin d'être, en retour, reconnus par elles. Se fondre dans la masse est l'objectif ultime. À la limite, on estime que l'homosexualité devrait constituer une caractéristique mineure, banale même, des personnes qui la vivent, tout comme la couleur de la peau devient une caractéristique très secondaire dans un milieu non raciste.

Le courant séparatiste, à l'opposé, croit en l'existence d'une culture homosexuelle autonome, qui se serait développée quasi en parallèle avec la culture dominante, dite hétérosexuelle. Cette culture homosexuelle serait aisément identifiable, tant sur le plan historique que sur le plan géographique : en témoigne par exemple le Village gai à Montréal ou le quartier du Marais à Paris. Le regretté historien américain John Boswell était l'un des plus ardents défenseurs de cette notion de communauté gaie traversant le temps[2]. Selon cette perspective, le développement des personnes homosexuelles serait mieux assuré lorsqu'il pourrait tabler sur leur héritage culturel commun, dès lors à préserver. Les tenants de ce courant de pensée en viennent ainsi à voir la communauté gaie ou lesbienne comme un groupe d'appartenance, voire comme une quasi-ethnie. Ils réclament par conséquent que les communautés gaies et lesbiennes soient considérées comme des groupes ethniques dont la spécificité est à préserver.

Il va sans dire que plus le sentiment d'oppression ou d'aliénation ressenti face à la culture dominante est grand,

2. J. Boswell, *Christianisme, tolérance sociale et homosexualité*, Paris, Gallimard, 1985 ; *Same Sex Unions in Premodern Europe*, New York, Vintage, 1995.

plus la perspective séparatiste semble viable comme moyen de survie individuelle ou collective (quoiqu'il est également possible que l'identité gaie ou lesbienne de type ethnique soit le résultat, plutôt que la cause, d'une socialisation secondaire issue précisément de la fréquentation régulière d'un milieu essentiellement homosexuel ou lesbien, ce dernier induisant tôt ou tard un sentiment d'appartenance).

Il semble clair que c'est la répression de l'homosexualité qui a fini par donner à ceux et celles qui aiment ou qui désirent des personnes de leur sexe le sentiment de faire partie d'un groupe injustement mais systématiquement marginalisé et ostracisé. Ce qu'ajoutent les tenants d'une conception séparatiste de la libération homosexuelle, c'est que le repli des personnes homosexuelles sur leur groupe de pairs fut une excellente réaction d'autodéfense, qu'il importe de maintenir. Le retranchement de ces dernières à l'intérieur d'une culture et d'une communauté gaies ou lesbiennes auxquelles elles ont choisi d'adhérer ne pose donc, de ce point de vue, aucun problème. Au contraire, leur existence et leur développement maximiseraient à la fois la solidarité, le pouvoir collectif et la protection contre l'intolérance de la société globale. Tout comme le fait de choisir, jadis, des métiers non traditionnels était, pour les hommes ou les femmes qui voulaient vivre ouvertement leur homosexualité, une façon de se protéger en se retrouvant entre eux.

Les militants intégrationnistes répondent au point de vue séparatiste que le « ghetto » gai ou lesbien peut aussi être une commode façon de confiner l'homosexualité dans un espace géographiquement et relationnellement clos. Ils vont jusqu'à se demander si la prétendue « différence » homosexuelle ne serait pas plus acceptable lorsque visible uniquement dans des lieux convenus d'avance, enfermement qui la rendrait moins menaçante aux yeux du grand public. Les séparatistes contre-attaquent en soulignant que l'intégration à tout prix va dans le sens d'une normalisation de l'homosexualité, sinon d'un effacement des différences qui seraient jugées choquantes par la population dite hétérosexuelle.

Certains promoteurs de l'intégration ne tiennent-ils pas volontiers des propos désobligeants à l'égard des hommes efféminés et des femmes masculines, par exemple, que l'on accuse de donner une image biaisée de l'homosexualité, ou encore à l'endroit des adeptes d'une sexualité impersonnelle, à qui l'on reproche d'être immoraux et de courir inutilement des risques (comme si l'amour romantique ne comportait pas aussi ses risques, telles la jalousie et ses violences, sans compter que, lorsque l'homosexualité est considérée comme une déviance, connaître l'identité de son partenaire peut donner lieu à du chantage, à des dénonciations, etc.)?

Le débat intégrationnistes *versus* séparatistes est difficile à trancher. Initialement, les sous-cultures homosexuelles ou lesbiennes étaient des alternatives obligées et surtout des modes de survie. La situation a toutefois évolué. Effet sans doute paradoxal du développement rapide des communautés homosexuelles masculines depuis trente ans, la marchandisation de l'homosexualité a sapé son caractère *underground* et contestataire. Les quartiers gais des grandes villes prennent désormais les allures de centres commerciaux. La logique du consommateur prend peut-être le pas sur la logique du citoyen. D'ailleurs, l'idéologie sexualiste, qui suppose que les relations sexuelles sont en elles-mêmes libératrices, se situe dans le prolongement d'une logique marchande. On a l'impression que la séduction et la performance sexuelle constituent pour certains le cœur de l'identité homosexuelle. Il faut toutefois rappeler que la dimension spirituelle de la sexualité – et de l'homosexualité – a été complètement occultée par les sociétés occidentales. Ce n'est peut-être pas un hasard si gais et lesbiennes sont amenés à se définir principalement à travers leur sexualité: non seulement cette dernière est à l'origine de leur étiquetage, mais elle ne revêt guère de sens positif ou transcendant sur le plan social. Aux yeux des intégristes du sexe, l'homosexualité n'est qu'une affaire de cul. Faut-il se surprendre du fait que beaucoup de personnes homosexuelles finissent elles-mêmes par s'en convaincre?

En devenant de loyaux consommateurs de biens et services, fussent-ils « spécialisés », et en militant ouvertement, y compris dans certains partis politiques, les gais et les lesbiennes ont d'une certaine façon acquis le droit d'être des acteurs sociaux : il y a désormais, par exemple, des chambres de commerce gaies et lesbiennes, des politiciens gais et des lobbyistes lesbiennes. L'argent et les votes parlent. « L'argent rose », comme on le nomme à présent, oblige les entreprises à reconnaître l'existence des personnes homosexuelles et des couples de même sexe, au risque de perdre des parts de marché au profit de concurrents plus ouverts à la diversité. Quant à l'importance du vote gai, plus personne n'en doute, à tel point que même certains partis plutôt à droite ont maintenant leur « caucus gai ». La libération homosexuelle n'est plus ce qu'elle était : partie de mouvements contestataires (l'émeute du Stonewall), elle s'est diversifiée au point qu'elle peut aujourd'hui être associée à presque toutes les idéologies.

La seconde opposition qui traverse tant les mouvements gais et lesbiens que la société en général concerne l'origine même de l'homosexualité. Elle met face à face essentialistes et constructivistes. Des États-Unis, surtout, provient une perspective essentialiste qui suppose que l'homosexualité procède d'une essence différente de l'hétérosexualité. Recherches – pourtant assez peu concluantes[3] – à l'appui, les idéologues de ce courant estiment que l'homosexualité est innée. Fournir la preuve définitive de son caractère biologique et inaltérable ferait en sorte, croient-ils, que l'homosexualité serait enfin socialement acceptée (comme si le fait de savoir que la couleur de la peau était génétiquement déterminée avait altéré les idéologies racistes...). Postulant que les individus homosexuels des deux sexes constituent une catégorie homogène et transhistorique, les tenants de la perspective essentialiste

3. J'ai consacré à cette question un article intitulé : « La recherche des causes de l'homosexualité : une science-fiction ? », publié dans l'ouvrage collectif *La Peur de l'autre en soi* (Montréal, VLB éditeur, 1994).

perçoivent, en somme, l'homosexualité comme le nœud d'une identité particulière, présente dès la naissance : on est comme on naît.

La perspective essentialiste bénéficie d'un fort crédit en raison du principe que, l'homosexualité étant reconnue innée, les personnes homosexuelles ne seraient plus accusées de corrompre la jeunesse ou les honnêtes hétérosexuel-le-s aux seules fins de se perpétuer (c'est le mythe de l'homosexualité vampirique). Un tel point de vue est évidemment on ne peut plus moralisateur et homophobe : comme si l'homosexualité était une chose si monstrueuse que le fait qu'elle puisse être acquise ou partagée d'une façon ou d'une autre représentait une calamité. Seul un fort préjugé anti-homosexuel (fût-il inconscient) peut entretenir une telle logique, y compris chez les gais eux-mêmes. Si l'on croit que l'hétérosexualité, la bisexualité et l'homosexualité sont des possibilités également viables et acceptables, il n'y a pas de raison de craindre qu'elles soient acquises ou apprises. Après tout, aucun parent ne craint que son enfant devienne plus tard mathématicien, puisque l'habileté pour les mathématiques constitue une disposition valorisée dans notre culture. Il devrait en être de même dans le domaine du devenir et des apprentissages sexuels, dans la mesure, bien sûr, où il s'agit de relations consentantes et gratifiantes de part et d'autre.

Opposés aux essentialistes, les tenants d'une approche constructiviste conçoivent plutôt l'homosexualité comme un artéfact : la catégorie « homosexualité » est une construction sociale, comme l'ont montré les travaux de Michel Foucault en France et de Jonathan Katz aux États-Unis[4]. Autrement dit, on deviendrait homosexuel sur le plan individuel parce qu'il existe la catégorie « homosexuel » sur le plan culturel ou social et parce que l'on correspond aux critères qui définissent, à un moment ou à un autre, ce qu'est une personne homosexuelle.

4. M. Foucault, *La Volonté de savoir*, Paris, Gallimard, 1976 ; J. N. Katz, *The Invention of Heterosexuality*, New York, Dutton, 1995.

Il est d'ailleurs patent que les caractéristiques physiques d'un « véritable homosexuel » ont fluctué tant chez les gais eux-mêmes et les scientifiques que dans les croyances populaires. Au dandy précieux ont succédé le clone macho[5] moustachu, puis l'éternel adolescent, imberbe, épilé, le muscle saillant.

On peut se demander si le caractère prétendument inné du désir homosexuel n'est pas d'emblée battu en brèche par la fluidité et le caractère changeant des désirs sexuels. Quelle que soit notre identité érotique, nous ne désirons pas qu'un seul type de personne notre vie durant : notre type érotique ou amoureux, comme on dit, varie plus ou moins dans l'espace et dans le temps, ce qui démontre bien qu'il répond à des impératifs personnels, conjoncturels, sociaux ou autres qui peuvent fluctuer. Seuls les pédophiles invétérés (hétéros ou homos) ne voient jamais leurs désirs sexuels évoluer : ils érotisent toute leur vie des enfants du même âge que celui qu'ils avaient lors de leurs premiers émois. À l'inverse, les désirs de la majorité des gens évoluent au cours de leur existence. Préférences ou répulsions sont le fruit d'essais et d'erreurs, d'apprentissages plus ou moins convaincants et d'expériences heureuses ou malheureuses que l'on cherche à reproduire ou à éviter. Le désir n'est jamais tout à fait là où on l'attend parce qu'il naît précisément de l'émerveillement, de l'aventure, du risque, de la découverte, de la nouveauté, de la surprise. Que l'on soit homo ou hétéro n'y change pas grand-chose. Nous construisons nos désirs autant que nous sommes construits par eux. C'est pourquoi autant nos attractions érotiques que l'identité qui en découle seraient, au moins pour une bonne part, le fruit de l'expérience.

Une troisième opposition au sein des mouvements gais ou lesbiens et autour d'eux se produit entre le courant identitaire et le courant libertaire. Le courant identitaire est l'héritier naturel, si je puis dire, de la vision essentialiste. Pour lui,

5. M. P. Levine, *Gay Macho : the Life and Death of the Homosexual Clone*, New York, New York University Press, 1998.

non seulement on naîtrait homosexuel, mais l'homosexualité constituerait le pivot d'une identité fondamentale, ce qui amène de nombreux psychologues, sexologues ou sociologues à parler d'une identité homosexuelle. Par voie de conséquence, l'homosexualité appartiendrait aux homosexuels et à eux seuls. Le principal problème avec ce raisonnement est que l'homosexualité se voit dès lors réservée aux seules personnes homosexuelles, hommes ou femmes, tout comme l'hétérosexualité appartient, suivant la même logique, uniquement aux individus hétérosexuels. Dans ce schéma de pensée, il n'y a pas de place pour la bisexualité, et encore moins pour l'ambivalence sexuelle. On est d'un bord ou on est de l'autre. Aussi bien le savoir – et le faire savoir – dès que possible, d'où la nécessité du *coming out,* c'est-à-dire de la révélation publique de son homosexualité ou de son lesbianisme.

Les mouvements gais ou lesbiens n'ont sans doute jamais voulu confisquer l'homosexualité à l'ensemble de la population, mais le triomphe de la perspective identitaire a fait en sorte que l'homosexualité est devenue l'affaire des homosexuels uniquement – et non pas une sensibilité commune à tous, quoique exprimée à des degrés divers. L'homosexualité peut dès lors demeurer une réalité périphérique ou secondaire, puisqu'elle ne concerne que les homosexuel-le-s confirmé-e-s. Les non-homosexuels n'ont pas à se poser de questions sur l'homosexualité: ça ne les concerne pas. Et si jamais ils ressentent tout de même une attirance un peu trop insistante de ce côté-là, ils peuvent toujours mettre cela sur le dos de l'alcool, de la recherche d'exotisme ou de la saine curiosité. On naît homosexuel ou on ne l'est pas...

Le binarisme sexuel et l'intégrisme identitaire jouent ainsi parfaitement leur rôle: empêcher la remise en cause de la catégorisation des individus en raison de leur érotisme et nier la pluralité des désirs. Conçues comme fixes et exclusives, les identités homo et hétéro restreignent les possibles plutôt qu'elles ne les ouvrent: un homo fait ceci, un hétéro fait cela. Les attractions, les conduites et les relations de tout un chacun sont ainsi codifiées, voire conditionnées, en fonction de son groupe d'appartenance. Dans une telle optique, l'identité homosexuelle renforce l'identité hétérosexuelle, et vice versa. Qu'il hétérosexualise sa vie ou qu'il l'homosexualise, chaque être humain occupe la place qui lui est assignée par le régime du fondamentalisme identitaire.

Une telle division du monde renforce par ailleurs l'idée qu'il existe une majorité hétérosexuelle *versus* une minorité homosexuelle. D'un côté se trouverait en effet la « majorité normale » et de l'autre côté des minorités sexuelles dont l'existence même est problématique (et parmi lesquelles figurent au premier plan gais et lesbiennes). D'une part, il y aurait donc la norme, et d'autre part, le hors-norme, par définition l'a-normal. C'est la logique du « eux » *versus* « nous ». On peut à la limite témoigner de la compréhension ou de la compassion à l'égard des minoritaires, mais la plupart des gens demeureront toujours certains qu'ils n'ont rien à voir avec eux. Certes, les personnes homosexuelles peuvent elles-mêmes tirer avantage de se présenter comme membres d'une minorité afin de profiter d'avantages accordés à ce statut dans une société de droits. Mais est-ce vraiment la meilleure stratégie à long terme ?

Selon l'historien George Chauncey, auteur de l'ouvrage *Gay New York*[6], l'idée que les personnes qui ont des pratiques homosexuelles seraient fondamentalement homosexuelles est relativement récente, du moins en Amérique. Ce n'est qu'après la Seconde Guerre mondiale que la dichotomie homo / hétéro devint vraiment le pivot de l'organisation de la vie érotique des gens. Il semble que jusque-là seuls les hommes dits efféminés étaient vus comme « invertis » dans leur désir puisqu'ils se comportaient, croyait-on, comme des femmes. Un homme masculin pouvait très bien avoir de nombreuses relations homosexuelles sans se questionner le moins du monde sur sa

6. G. Chauncey, *Gay New York*, New York, Basic Books, 1994.

virilité ou sur son identité. Manifestement, l'identité de genre l'emportait alors sur l'identité érotique, qui, en fait, ne constituait pas encore un facteur de classification significatif. Un homme restait masculin tant qu'il avait des relations sexuelles avec des personnes de l'autre genre, qu'il s'agisse de femmes ou d'hommes féminins. Avoir des rapports homosexuels ne signifiait en aucune façon *être* homosexuel.

Il y a à peine quelques décennies, l'homosexualité était donc un désir ou un comportement susceptibles de concerner tout un chacun. Elle est peu à peu devenue l'affaire d'un segment de la population : les gais et les lesbiennes (l'existence des bisexuels étant généralement et fort commodément passée sous silence). Le système d'apartheid sexuel a si bien assigné à tout un chacun sa place en raison de son érotisme qu'on ne remarque même plus à quel point cette fragmentation est artificielle. Lorsque, avant la Seconde Guerre mondiale, l'identité homosexuelle n'était pas encore implantée, tout homme était susceptible de jouir des caresses d'un autre homme sans être pour autant considéré comme homosexuel (ce qui expliquerait sans doute les résultats étonnants du premier rapport Kinsey[7], qui date de la fin des années quarante : 37 % des quelque douze mille répondants avaient eu des contacts homosexuels jusqu'à atteindre l'orgasme). Or, avec le développement de l'identité homosexuelle, les hommes qui préféraient les hommes en sont venus à considérer qu'ils formaient une communauté différente et ont eu tendance à se replier sur ce réseau d'appartenance (ce qui expliquerait, selon certains auteurs américains[8], l'impact foudroyant du sida parmi cette population relativement close).

L'identité gaie, il faut bien l'admettre, fut et demeure un outil de conscientisation et de contestation efficace. Pour faire

7. A. C. Kinsey, W. B. Pomeroy et C. E. Martin, *Le Comportement sexuel de l'homme*, Paris, Éditions du Pavois, 1948.
8. Notamment : G. Rotello, *Sexual Ecology*, New York, Dutton, 1997 et M. Signorile, *Life Outside*, New York, Harper Collins, 1997.

avancer leur condition, il est utile que gais et lesbiennes s'affirment au grand jour, donnant ainsi un visage à une réalité trop longtemps clandestine et sous-estimée. La politique de la visibilité, en même temps qu'elle peut conforter à court terme l'existence d'identités dichotomiques – on est homo ou on est hétéro –, peut à long terme donner à penser que ces différences ne sont pas si importantes qu'on le croyait, la majorité des «homos» et des «hétéros» vivant, somme toute, assez semblablement.

S'il présente quelques similitudes avec le courant séparatiste, le courant identitaire ne se confond pas avec lui: on peut se rattacher à la mouvance identitaire sans adhérer à la logique séparatiste. Ce que professe le courant identitaire, c'est que tout individu possède intrinsèquement une préférence, une orientation, bref, une identité érotique prédominante qu'il se doit de découvrir et de faire connaître dès que possible. Cette identité constituerait en effet une part importante de son vrai MOI. Sa révélation plus ou moins publique est appelée le *coming out*. En français, on dit aussi «faire sa sortie». Le *coming out* consiste donc à découvrir, à révéler et à actualiser sa «nature profonde». Pour les tenants de l'idéologie identitaire, se découvrir, se reconnaître ou se dévoiler homosexuel ou lesbienne serait le résultat de plusieurs étapes de croissance; ce serait surtout un besoin et un devoir incontournables. À travers ce processus, toutes les expériences qui ont précédé la révélation (dans les deux sens du terme) de son homosexualité ou de son lesbianisme apparaissent finalement, du moins aux yeux de la personne concernée, comme les prémisses de quelque chose de plus fondamental. Beaucoup séparent symboliquement leur vie en deux, c'est-à-dire avant d'être gai ou lesbienne (c'est-à-dire homosexuel-le reconnu-e) et après.

Ce fameux *coming out* pourrait cependant être interprété bien différemment; par exemple, comme une stratégie visant à donner de façon rétrospective un sens ou une cohérence à sa propre histoire de vie. La notion de *coming out* en tant que gai ou lesbienne implique à la fois une intériorisation et une extériorisation de l'identité homosexuelle. La révélation (et non l'aveu, comme je l'ai souvent entendu dire: on avoue une faute, un péché, un crime, mais pas une orientation sexuelle) signifie que la personne accepte d'être publiquement désignée comme homosexuelle et fait sienne cette catégorisation. Pour beaucoup de gais et de lesbiennes, assumer une identité homosexuelle, c'est non seulement adhérer à certains styles de vie, mais aussi, en se révélant au grand jour, en finir avec la honte longtemps associée au vécu homosexuel. C'est pourquoi ce processus semble à leurs yeux si important, valorisant et légitime.

L'idée qu'une homosexualité non dévoilée sur la place publique serait forcément vécue dans le dégoût de soi est néanmoins fausse; c'est une chose que de reconnaître ses sentiments et ses attirances, et une autre d'en faire ou non une source d'identité personnelle ou sociale. On peut certainement comprendre qu'une stratégie de visibilité maximale a son importance dans la lutte pour la reconnaissance de droits égaux aux personnes qui vivent l'homosexualité. Établir un rapport de force exige une masse critique d'individus prêts à se faire entendre. Sur le plan politique, promouvoir et revendiquer haut et fort une identité homosexuelle peut être, à court et à moyen terme, une option gagnante, puisque rendant difficile la négation ou la minimisation de cette réalité. On peut néanmoins comprendre la résistance que certaines personnes opposent à toute catégorisation de soi. Il est possible, en effet, de ne pas considérer ses désirs érotiques comme la source première ou privilégiée de son identité, ou de préférer ne pas être étiqueté en fonction de cela (tout récemment encore, j'entendais à la radio une journaliste désigner comme «jeune homosexuel» un nouveau chanteur; aurait-on sérieusement pensé présenter un artiste comme un «jeune hétérosexuel»?).

Se reconnaître homosexuel-le, gai ou lesbienne constitue certainement une forme de résistance aux modèles dominants. Refuser des étiquettes ou des identités que l'on considère réductrices ou artificielles peut toutefois être aussi une stratégie de résistance au conformisme. Beaucoup de personnes sont en fait confrontées à une double contrainte : ou elles gardent privée et insaisissable leur vie intime, participant ainsi à l'invisibilité de leur homosexualité, ou elles adoptent d'emblée une identité préfabriquée (gaie ou lesbienne), quitte à faire le jeu du fondamentalisme identitaire qui sert à les marginaliser. Ceux et celles qui ne sortent pas du placard, comme on dit, se sentent fréquemment coupables d'imposture, voire de fausse représentation, sans compter un certain sentiment de désolidarisation avec leurs pairs. De leur côté, ceux et celles qui ont fait leur *coming out* se retrouvent parfois piégés par un système de catégories sexuelles et d'étiquettes dans lequel ils ne se reconnaissent pas.

Alors que le courant identitaire défend le droit des gais à la visibilité, le courant libertaire, lui, met de l'avant le droit de tous à l'homosexualité. La majorité des sociétés ont vu se développer des conduites homosexuelles ; seule la nôtre a voulu rationaliser la chose en inventant l'homosexuel-le comme identité spécifique et permanente. Si diverses préférences sexuelles ont coexisté dans la majorité des civilisations, les réactions à ces différences ont varié selon les lieux et les époques. Par exemple, certaines cultures croyaient qu'une phase homosexuelle faisait partie de l'apprentissage viril des garçons ; d'autres punissaient l'homosexualité de mort. La culture occidentale, on le sait, a hérité d'une vision plutôt négative de l'homosexualité. Les historiens ne s'entendent pas sur les motifs de cette intolérance : raisons philosophiques, religieuses, politiques ? Chose certaine, nous sommes l'une des seules cultures à avoir relié les désirs homosexuels à une identité particulière, inventant ainsi l'homosexuel-le. Il n'y a pas si longtemps, on croyait que tout le monde pouvait avoir des désirs ou des rapports homosexuels. C'est précisément pourquoi l'interdit à ce sujet était si fort. On opte aujourd'hui pour l'idée, rassurante, que l'homosexualité est réservée à une petite minorité. Aussi, ce n'est peut-être pas un hasard si la libéralisation des lois sur l'homosexualité est survenue à partir du moment où le courant identitaire finissait par s'imposer. Le fait que l'homosexualité puisse se cantonner à ceux et celles qui sont déjà gais et lesbiennes réconforte.

En tant qu'identité particulière, l'homosexualité est pourtant davantage une construction historique et culturelle qu'une condition psychologique immanente. On pourrait évidemment dire la même chose de l'hétérosexualité. On en vient à se considérer hétérosexuel comme on en vient à se considérer homosexuel, c'est-à-dire au terme d'un processus d'(auto)étiquetage. Hétérosexuels et homosexuels s'inventent eux-mêmes en tant que membres d'une catégorie spécifique, supposée majoritaire dans un cas, minoritaire dans l'autre. Une fois adoptée, notre identité érotique prescrit autant nos désirs et nos comportements que nos désirs et nos comportements nous conduisent à adopter une identité donnée. Combien de désirs ou de comportements homosexuels faut-il pour être ou pour devenir homosexuel ? Combien de désirs ou de comportements hétérosexuels faut-il pour être ou pour devenir hétérosexuel ? La réponse ne peut être que subjective.

Fortement associé aux premières vagues du mouvement gai, le courant libertaire n'entend nullement réserver le désir et le comportement homosexuels à ceux qui se proclament homosexuels. Pas plus qu'il n'accepte de ramener l'homosexualité aux goûts ou aux pratiques d'une minorité. Il exige plutôt que l'on reconnaisse à chacun et chacune la faculté de ressentir de l'attrait pour une personne de son sexe et le droit de partager avec elle affection ou sexualité sans que son sexe biologique (ou son genre) ne soit un facteur discriminant. Les écrits fondateurs de la libération homosexuelle, comme ceux de Dennis Altman[9], allaient en ce sens (tout comme une bonne partie du mouvement *queer* le fait aujourd'hui, effectuant ainsi un certain retour aux sources ; nous y revien-

---

9. D. Altman, *Homosexuel(le), oppression et libération*, Paris, Fayard, 1976.

drons). La perspective est claire : il s'agit de libérer non seulement ceux qui se disent homosexuel-le-s, mais aussi de découvrir et libérer l'homosexualité en chacun de nous, celle-ci faisant partie, comme l'hétérosexualité, d'un potentiel universel. Cette perspective présuppose donc qu'il existe une certaine bisexualité chez l'être humain, que celle-ci soit exprimée ou non. La revendication du droit à l'homosexualité pour tous (comme c'est déjà le cas pour l'hétérosexualité), par-delà les identités et les étiquettes, est la conséquence de cette reconnaissance. L'identité gaie n'est pas pour autant déconsidérée ou combattue, loin de là ; elle est seulement perçue comme une nécessité transitoire, comme le résultat contingent d'une oppression sociale et d'une stigmatisation qui ont réussi à solidariser des personnes par ailleurs dissemblables. « *Gay is beautiful* » est le pendant de « *Black is beautiful* », c'est-à-dire la transformation d'une caractéristique qui a servi à discriminer et à ostraciser en un plus.

En somme, la perspective libertaire souligne que l'identité homosexuelle peut être autant libératrice que réductrice, y compris sur le plan personnel. Si l'on applique la logique identitaire, un homme homosexuel ne saurait en effet avoir de relations sexuelles avec des femmes, ni même être attiré par elles, tout comme un non-homosexuel ne saurait être attiré par un homme ou avoir des relations intimes avec ce dernier. L'homosexualité identitaire est finalement tout aussi restrictive que l'hétérosexualité identitaire. Les deux notions rassurent toutefois, puisqu'elles permettent de concevoir l'existence comme un long fleuve tranquille, pourvu que l'on sache emprunter la barque qui nous convient.

Enfin, une quatrième tension se dégage dans les mouvements gais et lesbiens entre ce qu'on pourrait appeler une tendance victimaire et une tendance qui se veut plus pragmatique, pour ne pas dire réaliste. La vision victimaire des choses divise artificiellement le monde en deux : les bons et les mauvais, les victimes et les bourreaux, les opprimés et les oppresseurs. Une telle perception non seulement pousse inconsciemment au fatalisme – victime un jour, victime toujours – mais cherche consciemment à susciter la compassion ou l'apitoiement plutôt que de s'en tenir au domaine des droits et libertés. En les décrivant comme des victimes uniquement, on fait comme si les personnes qui vivent l'homosexualité ne pouvaient être AUSSI des acteurs sociaux susceptibles de prendre leur place et de défendre leurs droits et libertés. Certains mouvements de lutte contre le sida ont eu tendance à tomber dans ce piège sur le plan du discours, alors même que leurs actions montraient que les gais pouvaient affirmer haut et fort leur créativité (notamment dans le travail de prévention), imposer leurs besoins et obtenir d'être considérés comme des citoyens à part entière. Le pouvoir est avant tout relation ; on n'en est plus la victime passive à partir du moment où l'on entreprend de contester ce rôle ou de saboter les rapports qui le perpétuent.

Un houleux débat sur le thème de la prévention du sida oppose d'ailleurs les tenants de la vision victimaire et les tenants d'une vision disons plus pragmatique de la condition homosexuelle[10]. Les premiers reprochent à certains leaders d'opinion de la communauté gaie américaine, tels les journalistes Gabriel Rotello et Michelangelo Signorile[11], d'avoir renoué avec le moralisme et le puritanisme d'antan en exhortant les gais à adopter des styles de vie moins « dangereux » sur le plan de la transmission du VIH (réduction drastique du nombre de partenaires et fidélité ou exclusivité amoureuses, notamment). Ils les accusent de céder à une véritable panique morale (d'où le nom narquois de leur mouvement de contestation, *Moral Panic*), ce à quoi les Rotello, Signorile et compagnie répondent qu'il importe avant tout d'être réaliste : si l'épidémie du sida fut causée en partie par l'indifférence et

10. Résument bien ce débat les articles parus dans *The Harvard Gay & Lesbian Review*, printemps et été 1998.
11. Ouvrages cités.

par la lenteur des autorités publiques, les gais ont maintenant leur part de responsabilités et doivent tirer les leçons qui s'imposent. Ils ne peuvent plus vivre leur sexualité comme avant l'apparition du sida, cela devenant même suicidaire dans un contexte où, comme c'est le cas dans de nombreuses villes nord-américaines, une portion non négligeable de leurs partenaires potentiels sont séropositifs. Bref, ces auteurs rappellent que le sida n'est pas une fatalité, et encore moins une arme secrète pour éradiquer l'homosexualité. Pourtant, si la majorité des gais nord-américains ne changent pas durablement leurs attitudes face à la sexualité, ils creuseront eux-mêmes leur tombe. (Il n'est cependant pas étonnant que la prévention du sida soit perçue comme moralisatrice aussitôt qu'elle implique des restrictions : les limites à l'expression de l'homosexualité rappellent sans doute un peu trop l'époque où elle était strictement interdite.)

La tendance dite réaliste proposée par les Rotello et Signorile repose avant tout sur l'idée que ceux et celles qui vivent l'homosexualité sont aussi des citoyens responsables. Gais et lesbiennes constituent en effet des acteurs sociaux capables d'influencer leur devenir individuel et collectif. En ce sens, ils contribuent autant à la culture et à la société qui les entourent qu'ils sont influencés par elles. Le passé, s'il nous détermine, ne nous enchaîne pas et ne nous oblige nullement à revivre sans cesse les mêmes dynamiques – surtout lorsqu'elles sont perdantes. Personne ne niera que l'homophobie soit ancrée dans notre culture et qu'elle emprunte parfois de sournois détours, mais de là à penser que toute restriction apportée aux conduites sexuelles soit, *ipso facto*, synonyme de répression, il y a un pas... Après tout, l'hétérosexualité fait aussi l'objet de multiples restrictions morales, sanitaires ou juridiques sans que l'on parle pour autant d'hétérophobie. Le problème avec la lutte contre le sida, c'est que ce combat se heurte à plusieurs tabous à la fois, parmi lesquels non seulement l'homosexualité, mais certains styles de vie amoureuse ou sexuelle. Or, il est difficile, pour ne pas dire impossible, de faire consensus, que ce soit au sein des communautés gaies et lesbiennes ou au sein de la population en général, sur ce qui est légitime ou pas sur le plan des pratiques sexuelles et des modes de vie pouvant s'y associer. Les désirs des uns correspondent souvent aux répulsions des autres. On ne saurait dire qui a tort ou raison. Par exemple, celui qui a de multiples partenaires en suivant les préceptes du *sécurisexe* met-il plus sa santé en danger que celui qui n'en a qu'un seul, mais dont la jalousie maladive ou la violence font en sorte qu'ils en arrivent souvent aux coups ?

Homos comme hétéros peuvent être victimes de leurs styles de vie (le cancer du poumon causé par le tabagisme en est un éloquent exemple), mais cela n'en fait pas que des victimes. Il n'y a pas de fatalité dans l'amour ; il n'y en a que dans la mort. Quel que soit notre érotisme, il est certain que son actualisation dépend en grande partie de nous, c'est-à-dire de nos décisions, de nos actions, de nos choix de partenaires. À ce sujet, il y a de moins en moins de chemins tout tracés d'avance : il existe une multitude de façons d'être hétéros, homos ou autrement. Les identités homosexuelles comme les identités hétérosexuelles ne sont-elles pas des façons d'être au monde et de le recréer intérieurement ?

CHAPITRE VIII

Ni l'un ni l'autre ou les deux à la fois: (am)bisexualité

Les hommes et les femmes à l'érotisme ambigu, qu'on appelle les ambisexuels, ou au double érotisme, qu'on nomme les bisexuels, sont les trouble-fêtes de l'intégrisme identitaire. Hésitants, incertains, ni vraiment homos ni tout à fait hétéros, ou encore assumant les deux érotismes à la fois, ils échappent aux catégories binaires et résistent aux dichotomies. Ils nous rappellent surtout que tout le monde n'est pas «d'un bord ou de l'autre», comme le dit une expression populaire. On peut être attiré à la fois par des hommes et par des femmes, être attiré tantôt par des hommes, tantôt par des femmes, être attiré par le féminin et par le masculin, simultanément ou successivement, que ces aspects se retrouvent chez des hommes ou chez des femmes. On peut aussi avoir été un homme hétérosexuel toute sa vie et vivre finalement son grand amour avec un homme, comme on peut avoir été longtemps homosexuel avant de tomber amoureux d'une femme. On peut se considérer comme hétéro et comme partenaire fidèle de ce point de vue parce que réservant ses aventures sexuelles aux personnes de même sexe. On peut désirer des hommes, mais s'en tenir uniquement à des relations avec des femmes. On peut fantasmer sur des femmes en faisant l'amour avec des hommes (ce que font plusieurs femmes et certains prostitués). Bref, il y a une infinité de façons de vivre la bisexualité (ou l'ambisexualité), qui ne constitue donc pas un phénomène monolithique (de même que l'hétérosexualité et l'homosexualité, du reste).

Tout comme les transsexuels, les bisexuels et les ambisexuels font figure de passeurs de frontières. Par leur existence même, ils soulignent l'inanité des théories essentialistes sur l'homosexualité. Pas plus qu'il n'est divisé entre hommes et femmes, ou encore entre le masculin et le féminin, le monde n'est pas divisé entre homos et hétéros. Catégoriser l'érotisme de tout un chacun rassure toutefois ceux et celles qui ont horreur de l'incertitude et du flou, en particulier quand cela concerne la sexualité et les identités qui en découlent.

L'idée que l'homosexualité et l'hétérosexualité sont des tendances contraires et exclusives est à ce point ancrée dans nos esprits que beaucoup de gens rejettent du revers de la main la possibilité qu'il existe un double érotisme, à la fois homo et hétéro, chez une même personne. Michael Storms[1] a heureusement fait pour l'homosexualité et l'hétérosexualité ce que Sandra Bem, précédemment citée, avait fait pour le masculin et le féminin. Il a montré que les deux tendances peuvent se superposer ou se fusionner plutôt que s'opposer. En ce sens, la bisexualité peut constituer la conjonction de deux attirances plutôt que leur télescopage.

Certaines personnes bisexuelles adoptent des critères assez similaires dans le choix de leurs partenaires, qu'il s'agisse d'hommes ou de femmes. Par exemple, on peut ressentir du désir pour les personnes élancées et blondes, quel que soit leur sexe biologique ou leur genre. Une certaine androgynie peut ainsi plaire. À l'inverse, on peut être rebuté par les qualités qui nous attirent chez un sexe lorsqu'on les retrouve chez l'autre sexe. Ainsi, certains hommes bisexuels

1. M. D. Storms, « A Theory of Erotic Orientation Development », *Psychological Review*, n° 88, 1981.

sont plutôt conformistes dans leurs attraits érotiques : seules les femmes hyperféminines et seuls les hommes très masculins les attirent. Mais le contraire est aussi possible : être attiré par des hommes ou des femmes au genre dissonant.

Les monosexuels, c'est-à-dire ceux et celles dont le désir est orienté vers des personnes d'un seul sexe, ne comprennent généralement pas ce qui peut motiver bisexuels et ambisexuels. Les préjugés les concernant sont par conséquent légion. Ils seraient des homosexuels qui ne s'acceptent pas, des hétérosexuels en mal d'exotisme, des obsédés sexuels, des « pas branchés », etc. Leurs propres vécus et points de vue éclairent toutefois autrement leur érotisme. Ainsi, même à un âge avancé, nombre de personnes bisexuelles ou ambisexuelles considèrent encore qu'elles sont en exploration. On les perçoit comme indécises ou instables ? On pourrait, tout au contraire, voir dans leurs hésitations ou leurs expérimentations un signe de sagesse : prendre tout le temps voulu – fût-ce toute la vie – pour découvrir les divers aspects de leurs attirances. La bisexualité est vue comme un problème, alors qu'elle représente souvent une solution pour ceux qui la vivent. Il est d'ailleurs symptomatique que les bisexuels, inclus dans la première vague du mouvement de libération homosexuelle, se soient de plus en plus sentis exclus à mesure que ce mouvement devenait identitaire, et par conséquent moins accueillant face à ceux et celles qui, bien qu'ayant des rapports homosexuels, ne s'identifiaient pas – ou pas uniquement – comme gais ou lesbiennes.

On pourrait par ailleurs se demander pourquoi l'équilibre d'une personne devrait forcément passer par la monosexualité ? Pourquoi un érotisme double ou ambigu serait-il, d'emblée, plus malsain qu'un érotisme aisément classifiable en vertu de la dichotomie hétéro/homo ? Manifestement, les bis et ambisexuels des deux sexes font les frais du fondamentalisme identitaire : on devrait être attiré par un sexe uniquement et, *a fortiori*, par une personne à la fois.

L'épidémie du sida n'a pas arrangé les choses en ce qui concerne les préjugés contre la bisexualité. Comme les hommes ayant des rapports homosexuels comptaient parmi les premiers touchés, les bisexuels furent rapidement montrés du doigt comme responsables de l'étendue de l'épidémie dans la population. Après avoir été plutôt IN dans les belles années de la révolution sexuelle, la bisexualité redevenait OUT. Pardelà les modes du moment, elle constitue pourtant un aspect permanent de la sexualité humaine. Indirectement, elle éclaire aussi d'un jour nouveau tant l'hétérosexualité que l'homosexualité.

Après avoir interrogé quelques centaines de personnes bisexuelles, les chercheurs américains Weinberg, Williams et Pryor[2] ont noté certaines différences dans l'émergence de la bisexualité chez les femmes et chez les hommes. Alors que les femmes bisexuelles ressentent leurs premières attractions hétérosexuelles en moyenne vers l'âge de onze ans et demi et qu'elles ont leurs premières expériences hétérosexuelles vers quatorze ans et demi, soit bien avant leurs premières attractions et expériences homosexuelles (respectivement vers dix-sept ans et vingt-sept ans et demi), les hommes ont eux aussi leurs premières attractions hétérosexuelles aux alentours de onze ans et demi, mais ils vivent leurs premières attractions puis leurs premières expériences homosexuelles bien plus tôt, soit à treize ans et demi et à seize ans respectivement. Leurs premières expériences hétérosexuelles se produisent vers dix-sept ans dans une majorité de cas, donc plus tard que leurs consœurs. C'est toutefois à peu près au même âge, soit autour de vingt-sept ans qu'hommes et femmes en viennent à se définir comme « bisexuels », démarche qui va d'autant moins de soi qu'elle n'est guère encouragée sur le plan social.

Les chiffres concernant le nombre de personnes homosexuelles ou bisexuelles sont controversés. Plusieurs recherches récentes, qui respectent assez peu les critères de confidentialité et d'anonymat pourtant requis pour mener de telles

2. M. S. Weinberg, C. J. Williams et D. W. Pryor, *Dual Attraction*, Oxford, Oxford University Press, 1994.

études, avancent des chiffres nettement inférieurs à ceux des fameux rapports Kinsey publiés au tournant des années cinquante. Alors que Kinsey et son équipe affirmaient que pendant au moins une période de leur vie adulte environ un homme sur trois était plus ou moins homosexuel ou bisexuel et une femme sur quatre était homosexuelle ou bisexuelle, des études contemporaines évaluent ces réalités comme étant relativement marginales : tout au plus 10 % de la population, parfois beaucoup moins. Il faut toutefois se demander si ces recherches, de la façon dont elles sont menées (par exemple, lors d'entrevues faites au domicile de personnes préalablement sélectionnées par téléphone), peuvent servir à autre chose qu'à sous-évaluer les réalités érotiques ou sexuelles stigmatisées. Quand on sait qu'aux États-Unis des pratiques homosexuelles peuvent mener à l'emprisonnement dans la moitié des États de l'Union, on devine que les réponses des 3 432 personnes interviewées dans *Sex in America*, par exemple, sont sujettes à caution sur les pratiques homosexuelles ou bisexuelles. On comprend encore davantage que peu de répondants se disent homosexuels ou bisexuels à des enquêteurs inconnus qui se présentent à leur domicile afin de les interroger sur leur vie sexuelle[3].

Une attirance homosexuelle ou bisexuelle est d'autant plus difficile à évaluer qu'elle peut inclure de multiples dimensions, lesquelles ne sont pas forcément en accord les unes avec les autres. Comme ne manquent pas de le souligner les auteurs de la recherche *Sex in America*[4] – en dépit des réserves qu'ils inspirent –, « les estimations de la prévalence

3. En ce qui concerne les limites des grandes enquêtes sur la sexualité et leur sous-représentation des réalités homosexuelles et bisexuelles, on se reportera à mon article « La recherche des causes de l'homosexualité : une science-fiction ? », paru dans l'ouvrage collectif *La Peur de l'autre en soi*, sous la direction de D. Welzer-Lang, P. Dutey et M. Dorais, Montréal, VLB éditeur, 1994.
4. R. T. Michael, J. H. Gagnon, E. O. Laumann et G. Kolota, *Sex in America*, New York, Warner Books, 1995.

de l'homosexualité dépendent beaucoup de la question que vous posez et de ce que vous pensez que signifie être homosexuel.» Dans leur étude, un peu plus de 4 % des femmes déclarent avoir eu des relations sexuelles avec au moins une autre femme ; 9 % des hommes affirment avoir eu des relations sexuelles avec au moins un autre homme (quoique 40 % déclarent que c'était durant leur adolescence). Quand on tient compte du désir uniquement, sans qu'il soit forcément actualisé, les chiffres augmentent sensiblement : environ 5 % des adultes interrogés ont des désirs homosexuels qu'ils n'ont jamais réalisés. Selon cette même enquête, au total 10,1 % des hommes ont eu des désirs OU des rapports homosexuels et 8,6 % des femmes ont eu des désirs OU des rapports lesbiens étant adultes. C'est quand on demande à l'ensemble des répondants s'ils se considèrent homos, hétéros ou bisexuels qu'on obtient les résultats les plus surprenants : seulement 1,4 % des femmes et 2,8 % des hommes s'identifient comme homosexuels ou bisexuels, soit une fraction seulement de ceux qui ont eu des rapports ou des désirs de nature homosexuelle ou bisexuelle. Seul un petit nombre de personnes rapportent avoir à la fois une identité, des désirs et des rapports homosexuels ou bisexuels : environ 2,5 % des hommes et 1,3 % des femmes.

Le chercheur canadien Barry Adam et son équipe proposent une réponse intéressante à la divergence des réponses selon que l'on questionne les gens sur leur identité érotique ou leur conduite sexuelle[5]. Le principal marqueur de l'identité gaie (ou bisexuelle) serait non pas d'avoir des rapports sexuels, mais d'entretenir des relations affectives avec une personne du même sexe. L'amour serait donc le facteur le plus déterminant de l'identité érotique. Ainsi, avoir du plaisir sexuel avec un autre homme porterait moins à conséquence

5. B. Adam, E. G. Schellenberg et A. Sears, *Symbolique sexuelle et pratiques sexuelles sécuritaires*, juin 1998 (rapport remis à Santé Canada dans le cadre du programme de recherche et de développement en matière de santé).

pour un homme que d'être amoureux de cette même personne (une éventualité n'excluant pas l'autre, bien entendu).

Autre fait notable de l'enquête *Sex in America*: d'après l'échantillon des répondants, presque un dixième de la population masculine des grandes villes américaines serait homosexuelle, alors que cette réalité semble quasi inexistante en milieu rural. Peut-être y a-t-il un exode vers la ville des hommes qui vivent l'homosexualité. Peut-être aussi les ruraux ont-ils appris à être des plus discrets, y compris devant des chercheurs scientifiques qui se présentent chez eux pour les interroger sur leur vie intime. Chez les femmes, cette différence serait moins tranchée: un peu plus de 6 % des femmes des grandes villes se disent lesbiennes contre un peu moins de 3 % des femmes vivant en milieu rural.

Outre les désirs et les rapports sexuels, plusieurs éléments peuvent être indicatifs des préférences érotiques d'un individu, bien qu'ils soient laissés dans l'ombre par la plupart des chercheurs: par exemple, les fantasmes, les scénarios érotiques, les engagements affectifs ou amoureux, l'appartenance communautaire, le style de vie, les pratiques sexuelles favorites, les caractéristiques recherchées ou évitées chez les partenaires sexuels. Une personne bisexuelle n'a pas forcément et simultanément des désirs, des relations, des fantasmes, des engagements, une identité et un style de vie bisexuels. Ces éléments peuvent non seulement être discordants, mais évoluer différemment avec le temps. En fait, il existe plusieurs façons de vivre la bisexualité ou l'ambisexualité, si tant est que l'on puisse esquisser quelques grandes catégories types, comme je propose de le faire maintenant. Bien qu'il soit toujours périlleux, sinon téméraire, de vouloir définir quelque chose d'aussi complexe que la sexualité d'une personne, quelques profils de bisexualité ou d'ambisexualité se dégagent néanmoins des connaissances que nous commençons à avoir de ces réalités.

Une certaine bisexualité peut être motivée par de la curiosité ou par un désir d'expérimentation. Explorer quelque chose de nouveau, d'exotique, voire d'interdit ne fait-il pas partie du processus même de découverte puis de redécouverte de la sexualité? Une curiosité bisexuelle (ou homosexuelle, ou hétérosexuelle) peut mener tout autant à une expérience sans lendemain qu'à une reconsidération de ses préférences, voire de son identité, lorsqu'un rapport physique fortuit avec une personne d'un sexe ou d'un genre différents de ceux pour lesquels nous optons généralement est vécue comme une véritable révélation.

Cela m'amène à parler d'un type de bisexualité ou plutôt d'ambisexualité que l'on pourrait dire transitoire. Ce phénomène se rencontre chez des femmes ou des hommes qui passent graduellement d'une orientation hétérosexuelle à une orientation homosexuelle ou, vice versa, d'une orientation homosexuelle à une orientation hétérosexuelle. Dans un monde où les dichotomies prévalent en matière de sexualité, la personne ambisexuelle est le plus souvent perçue comme quelque peu dérangée. Si beaucoup de gens ont encore du mal à se représenter l'homosexualité et la bisexualité comme des possibles, *a fortiori*, le passage d'un érotisme à un autre est vu comme un dérèglement certain. Aussi, préfère-t-on mettre en cause le bon jugement, l'équilibre ou la santé mentale de ceux ou celles qui passent les frontières des identités érotiques que de reconnaître à quel point les identités dichotomiques sont non conformes à la réalité.

Plusieurs personnes ambisexuelles ou bisexuelles affirment qu'il existerait chez elles un érotisme à deux étages, si l'on peut dire. D'un côté, il y aurait leur érotisme principal, hétérosexuel ou homosexuel, selon le cas, et d'un autre côté, leur érotisme secondaire, homosexuel ou hétérosexuel, selon le cas. Il peut s'agir d'hommes ou de femmes surtout hétérosexuels qui, à l'occasion, ressentent le besoin d'avoir clandestinement un partenaire du même sexe. Dans les enquêtes menées sur la sexualité de nos contemporains, il y a très peu de chance que ces personnes-là se proclament bisexuelles, la partie «secondaire» de leur érotisme étant généralement cachée, voire clandestine. J'ai plus d'une fois entendu des hommes correspondant à ce profil se défendre d'être bisexuels. Leurs aventures avec des hommes les déculpabilisaient face à leur partenaire féminine : ils ne la trompaient pas puisqu'ils avaient des aventures sans lendemain avec des hommes qu'ils n'aimaient pas, de surcroît. Inversement, il existe des personnes qui, tout en s'affirmant homosexuelles, entretiennent par ailleurs des rapports sexuels avec des partenaires de l'autre sexe. Plusieurs enquêtes menées auprès des communautés gaies au cours des dernières années ont fait ressortir la dimension hétérosexuelle du vécu érotique d'un nombre important d'hommes pourtant autoproclamés homosexuels. Certes, ces expériences ont parfois eu lieu dans le cadre d'un mariage, alors que les individus concernés ne vivaient pas encore ou pas ouvertement leur homosexualité, mais ce cas de figure ne suffit manifestement pas à expliquer le grand nombre de relations hétérosexuelles chez les hommes homosexuels.

Il existe, bien sûr, une bisexualité affirmée et plus ou moins permanente. On peut véritablement parler dans ce cas-ci d'un double érotisme. Ce type de bisexualité peut se caractériser par une ouverture amoureuse ou érotique aux deux sexes et aux deux genres. Certains couples se proclament aussi bisexuels parce qu'ils aiment « faire l'amour à trois ». L'inclusion d'une troisième personne est alors vécue comme un complément. Ce peut être aussi un piment ajouté à une vie sexuelle devenue routinière. Beaucoup d'hommes sont à ce point excités par le lesbianisme qu'ils recherchent volontiers des relations avec deux femmes (c'est souvent leur fantasme ultime). Même si plusieurs femmes rapportent avoir de semblables fantasmes concernant l'homosexualité masculine, elles sont moins tentées de réaliser ces désirs en proposant un autre homme à leur partenaire régulier. À l'issue d'une aventure particulièrement concluante, il arrive quelquefois que des ménages à trois plus ou moins permanents se constituent. J'en ai rencontré qui ont duré des années. Pour une personne bisexuelle, séduire un couple peut d'ailleurs être une façon de faire d'une pierre deux coups.

Il faut ajouter à ce tableau la bisexualité comme fluctuation permanente. Là encore, il est plus juste de parler d'ambisexualité. La préférence de la personne passe alors d'un sexe ou d'un genre à un autre, au gré des rencontres, des contextes ou des événements de sa vie. Lorsque l'on possède la faculté de se sentir à l'aise amoureusement ou sexuellement avec des individus des deux sexes, il peut arriver que l'on tombe amoureux d'une personne indépendamment de son sexe biologique ou de son genre. Ce sont alors ses qualités physiques, psychiques ou relationnelles qui attirent et non le fait qu'elle appartienne à un sexe ou à un genre plutôt qu'à un autre. Pour un certain nombre de personnes bisexuelles, le sexe de leur partenaire de vie du moment est ainsi l'effet du hasard : ce pourrait tout aussi bien être un homme qu'une femme. D'autres individus vous raconteront que, bien qu'attirés par les deux sexes plus ou moins également, ce sont leurs besoins particuliers à certains moments de leur vie qui les ont orientés vers une personne d'un sexe plutôt que d'un autre. Un jeune homme de trente ans m'a déjà expliqué que, jeune adulte à la recherche d'un mentor, c'est vers les hommes d'un certain âge qu'il s'était tourné à ce moment-là, alors que, désirant maintenant avoir des enfants et une vie familiale plus conventionnelle, disons, il se retrouve désormais, tout aussi heureux, avec une femme partageant son projet de vie.

Enfin, il existerait un dernier type de bisexualité, surtout associé aux réflexions et aux engagements féministes. C'est ce que l'on a appelé, plus souvent qu'autrement, le lesbianisme politique. Plusieurs femmes ont en effet témoigné avoir sciemment choisi de se tourner vers des femmes sur le plan amoureux ou érotique alors même qu'elles n'avaient jamais ressenti quelque attirance de ce côté. Ce choix – car c'en est vraiment un – pouvait être radical, excluant les amours hétérosexuelles, ou partiel, comme l'ont rapporté certaines têtes d'affiche du féminisme américain, auquel cas l'on peut véritablement parler de bisexualité. Les motivations et les rationalisations que ces femmes mettent de l'avant sont d'ordre sociopolitique. L'insatisfaction à l'égard des rapports entretenus avec les hommes (comme individus, mais plus encore comme groupe), le besoin de ressentir une proximité et une complicité accrues avec des femmes, enfin la remise en question des rôles traditionnellement dévolus aux femmes figurent parmi les motifs les plus souvent invoqués. Bien qu'il puisse sembler surprenant que le désir résulte d'un choix, il n'y a aucune raison de douter de la sincérité des femmes qui témoignent d'une pareille évolution. Sans doute une telle démarche est-elle facilitée par le fait que, sur les plans social et culturel, les femmes sont incitées à érotiser la relation existant entre deux partenaires (vivre une histoire d'amour), alors que les hommes sont plutôt amenés à érotiser les caractéristiques physiques de leurs partenaires (être sexuellement excité par l'autre).

En somme, il peut y avoir dans la bisexualité, comme dans l'homosexualité ou l'hétérosexualité, de l'attrait pour le semblable ou pour le différent, étant entendu que l'un et l'autre se retrouvent toujours, à des degrés divers, chez les individus des deux sexes. Il existe une grande variété de formes d'intimité physique, émotive ou amoureuse entre deux personnes ou plus. Comme elles ont plus ou moins développé un double érotisme, l'éventail de choix possibles risque seulement d'être plus étendu chez les personnes bisexuelles ou ambisexuelles. Rien d'autre ne les distingue fondamentalement de leurs congénères monosexuels.

Il faut manquer singulièrement d'imagination pour penser, comme le font certains sexologues, qu'il ne saurait y avoir d'altérité en dehors d'une hétérosexualité exclusive. Les hommes et les femmes diffèrent ? Les hommes diffèrent autant entre eux. Les femmes aussi. Sans parler des hermaphrodites et des transsexuels ou même des personnes qui jouent sur une certaine ambiguïté de genre. L'identité érotique est une construction complexe, qui met en scène le sexe et le genre. L'attirance pour les deux sexes ou les deux genres réunis en une seule personne peut d'ailleurs dénoter une certaine (am)bisexualité.

Est-ce que l'identité érotique précède les préférences sexuelles ou plutôt en découle ? Autrement dit, est-ce que l'on préfère les femmes parce que leurs caractéristiques physiques ou psychiques nous attirent davantage ou, à l'inverse, est-ce parce que l'on ressent de l'attrait pour les femmes que ce qui provient d'elles devient, par association, érotique ? De même, est-ce que l'on aime les hommes parce que l'on est, par exemple, attiré par leur musculature, ou est-on attiré par le muscle viril parce que l'on aime les hommes ? En somme, est-ce l'identité érotique qui détermine les préférences, ou les préférences qui dictent l'identité érotique qu'adoptera un individu ? À vrai dire, les deux réponses sont plausibles puisque tout à la fois nous agissons en conformité avec ce que nous croyons être et nous construisons simultanément et continûment cette identité au fil de nos expériences de vie. C'est pourquoi les attirances et, *a fortiori*, les identités érotiques sont le fruit de l'expérience (et non pas, ou du moins pas principalement, l'effet d'une disposition innée). Notre identité érotique dépend en particulier du rapport que nous entretenons à notre corps et au corps des autres, de notre rapport avec les personnes du même sexe et de l'autre sexe, de nos relations avec nos parents, notre fratrie et nos pairs. Notre rapport aux normes et aux interdits peut sans doute aussi influencer autant notre conduite sexuelle que les étiquettes qui lui seront accolées. Bref, le puzzle de l'identité érotique est d'autant plus difficile à assembler, que ses morceaux se transforment parfois sous nos yeux au gré de notre évolution. Cela n'est peut-être que plus évident pour celles et ceux qui sont bisexuels.

Être bisexuel ou même ambisexuel constitue-t-il une identité ou, à l'inverse, le refus d'une identité réductrice et artificielle, basée uniquement sur la fausse dichotomie homo/hétéro ? N'est-ce pas une forme de contestation, consciente ou non, de la logique binaire et de ses intégrismes en matière d'érotisme ? Ne correspondant pas tout à fait au modèle hétérosexuel ni à son contretype désigné, le modèle homosexuel, les personnes (am)bisexuelles sont probablement moins enclines que d'autres à tomber dans le piège des identités toutes faites ; elles ont tout au moins à questionner le clivage homo / hétéro. Étant attirées successivement ou simultanément par les deux sexes, voire par les deux genres, elles savent que la diversité sexuelle échappe finalement aux tentatives de la simplifier ou de la nier.

CHAPITRE IX

Queer

Le terme, qui signifie littéralement « bizarre », demeure relativement peu connu des francophones (peut-être faute d'une traduction qui lui donne toute sa force), mais la réalité *queer* progresse partout. Je traduirais le mot par non-conformiste, contestataire ou dissident du sexe. Remettant en question les catégories usuelles de sexe, de genre et surtout d'érotisme, le courant *queer* se présente comme une contre-offensive destinée à répondre aux idéologies essentialistes, identitaires ou intégristes que l'on retrouve autant chez les bien-pensants de droite que dans certains mouvements gais, lesbiens ou féministes. En refusant tout enfermement psychique ou géographique d'un groupe en vertu de ses spécificités sexuelles, les *queers* appellent à une seconde révolution sexuelle, mais une libération qui transformerait la façon même de penser la sexualité et de composer avec elle, y compris sur les plans social et politique.

C'est d'abord sur le front de l'identité sexuelle ou érotique que luttent les *queers*, en s'opposant à ce que celle-ci soit définie arbitrairement, par une quelconque autorité morale, scientifique ou politique, et surtout à ce qu'elle serve à maintenir les clivages normal / pathologique ou majorité / minorité. Fédérant toutes les « minorités sexuelles » sous un même vocable, le mouvement *queer* se veut autant rassembleur que contestataire. Il entend finalement réunir sous un même parapluie tous ceux et celles qui bravent l'arbitraire des normes et des étiquettes en matière de sexualité[1].

C'est au cours des années quatre-vingt que des militants gais et des militantes lesbiennes des États-Unis et d'Europe ont créé le mouvement *queer*. Ils déploraient et dénonçaient, ce faisant, les tendances identitaires et séparatistes de leurs groupes d'origine, qui excluaient de plus en plus leurs propres « marginaux » (bisexuels, transsexuels, travestis, hétérosexuels non conformistes, hommes féminins, femmes masculines, etc.). Les pionniers du mouvement *queer* ont par conséquent voulu étendre le plus largement possible la contestation des normes sexuelles dominantes et inclure dans ce combat toute personne ostracisée en raison de sa dissidence identitaire ou sexuelle. Le nouveau mouvement *queer* entendait donc rejeter d'emblée les identités dichotomiques homme / femme, masculin / féminin, hétéro / homo. Il renouait ainsi avec la première vague du mouvement gai nord-américain (fin des années soixante et début des années soixante-dix), qui voulait bien davantage faire éclater les identités grâce à une réelle libération de la sexualité (Dennis Altman parlait en ce sens de la « fin de l'homosexuel[2] ») que reconduire les divisions traditionnelles.

Dans le sillage de son idéologie libertaire, la théorie *queer* réclame que la société dans son ensemble fasse apparaître ses nombreux aspects homosexuels, transsexuels, bisexuels ou autres, en majeure partie encore latents, cachés, clandestins. Selon une telle perspective, ce n'est pas l'homosexuel-le qui doit faire son *coming out* mais la société tout entière, en reconnaissant ses dimensions homoaffectives et homoérotiques

1. Sur la perspective et sur le mouvement *queer*, les écrits abondent en langue anglaise. Citons quelques ouvrages qui donnent un bon aperçu de ce courant : M. Warner, *Fear of a Queer Planet*, Minneapolis, University of Minnesota Press, 1993 ; S. Seidman (dir.), *Queer Theory*, Cambridge, Blackwell, 1996 ; S. Seidman, *Difference Troubles*, Cambridge, Cambridge University Press, 1997 et A. Jagose, *Queer Theory : an Introduction*, New York, New York University Press, 1996.
2. D. Altman, *Homosexuel(le), oppression et libération*, Paris, Fayard, 1976.

dans tous les domaines, du sport à la politique, de la science à la littérature.

Bien qu'il se montre critique à l'égard des mouvements gais ou même féministes, le mouvement *queer* n'en est pas moins l'héritier. Son analyse sociale et politique est en effet inspirée de ses prédécesseurs ; elle se veut cependant plus radicale. Ce radicalisme se retrouve d'ailleurs souvent dans les manifestations contestataires organisées par les *queers* : exubérance et confrontation directe des idées ou des institutions conservatrices sont de la partie. C'est pourquoi les gais et lesbiennes du courant intégrationniste, par exemple, voient souvent d'un mauvais œil un mouvement *queer* quelque peu « délinquant » si on le compare à une portion non négligeable du mouvement gai, lequel entend se montrer le plus rassurant possible pour monsieur ou madame Tout-le-monde.

Féministes, gais et lesbiennes orthodoxes, si j'ose dire, ne manquent pas non plus de critiquer la perspective *queer* en raison de sa volonté rassembleuse qui finirait par minimiser ou par effacer, croient-ils, la spécificité des uns et des autres. Pareille critique est sévère : il n'est nullement contradictoire d'affirmer une identité ou une différence tout en résistant à toute tentative d'être étiqueté, minorisé ou singularisé à cause de cela. La perspective *queer* n'exige pas que chacun renie ses appartenances, mais plutôt qu'il en perçoive le caractère contingent, arbitraire et politique. Revendiquer une identité *queer* ne signifie pas renoncer à être un homme ou une femme, masculin ou féminin, hétéro ou homo, mais reconnaître le caractère factice et réducteur des identités socialement imposées. Car non seulement ces dernières finissent souvent par nous emprisonner nous-mêmes, mais elles nous empêchent de développer des solidarités avec ceux et celles que nous considérons dès lors (trop) différents de nous.

S'il est compréhensible que des mouvements gais, lesbiens et féministes aient eu initialement tendance à se replier sur eux-mêmes et à cultiver chez leurs membres une forte appartenance aux groupes de pairs, cela n'est plus nécessaire quand les acquis se multiplient; ces derniers rendent possibles des alliances et des projets communs avec d'autres groupes d'intérêts, aux identités divergentes. Revendiquer une identité est une chose; s'y enfermer en est une autre. C'est ce qu'ont compris les *queers* en repoussant les limites et les barrières entre les sexes, les genres ou les érotismes. Homosexuels, bisexuels, hétérosexuels, hommes ou femmes non conformistes, androgynes, hermaphrodites, transsexuels et transgenrés forment dans cette perspective une grande famille contestataire. Leur union fera leur force.

Alors que ses détracteurs reprochent au mouvement *queer* d'être démobilisateur en ce qui concerne les revendications spécifiques ou traditionnelles des personnes et des groupes qu'il fédère (notamment les gais et lesbiennes), ce dernier cherche au contraire à repositionner ces luttes et leurs enjeux à l'intérieur de remises en question beaucoup plus fondamentales. Le mouvement *queer* s'en prend en effet à la représentation même de la sexualité et aux logiques binaires sur lesquelles elle se fonde. Sa stratégie est de saper les repères habituels de l'identité, comme en témoigne l'apparence parfois très ambiguë ou provocante des *queers*, et d'instaurer une nouvelle culture, rassembleuse de multiples diversités, d'où le concept d'une *queer nation* émergente.

Il y a chez les *queers* un refus de catégoriser les désirs (ou du moins de le faire une fois pour toutes) et une résistance farouche aux identités ou aux étiquettes imposées de l'extérieur. Leur attitude révèle une volonté d'émancipation, voire de subversion en matière de sexualité. Les *queers* ne nient pas qu'il existe des hommes et des femmes, des homos et des hétéros, par exemple, mais refusent de considérer comme étant naturelles ces catégories. Paradoxalement, l'identité *queer* exprime un refus de prendre au sérieux les identités qui, depuis un siècle, ont servi à désigner et, plus souvent qu'autrement, à ostraciser les individus en raison de leur sexe, de leur genre ou de leurs préférences érotiques.

Contrairement à d'autres, l'identité *queer* ne débouche pas sur des exclusions ou sur des modèles de conduites, mais plutôt sur la création continue de nouvelles façons d'être, de penser, de faire et d'interagir en tant qu'être sexué. Ainsi, remettre en question le statut dominant de l'hétérosexualité ne signifie pas que celle-ci soit rejetée, mais qu'elle soit incluse dans une très vaste diversité. De même, critiquer les tendances séparatistes et parfois sectaires des mouvements gais et lesbiens ne veut pas dire que l'on désavoue ces mouvements ni même les identités qui leur ont donné vie. Cela implique plutôt que l'on n'est pas dupe des stratégies déployées pour contrer l'homophobie et l'hétérosexisme : pour arriver à faire accepter, voire à banaliser les différences individuelles, il importe d'abord de les souligner et même de les revendiquer. C'est ce qu'ont fait, à bon droit, les mouvements gais et lesbiens. Le danger est que cette perspective identitaire serve maintenant à justifier un repli sur soi qui ne ferait que conforter et perpétuer la discrimination, sinon la ghettoïsation.

On peut être tout ce qu'il y a de plus hétérosexuel et se vivre néanmoins comme *queer*, cela étant à la fois un état d'esprit et une volonté de résister aux normes ou de les subvertir, que ce soit ouvertement ou subtilement. N'y a-t-il pas des hétérosexualités contestataires comme il y a des homosexualités conformistes ? Ne peut-on pas entretenir des rapports hétérosexuels qui remettent en question, symboliquement ou autrement, les stéréotypes de sexe, de genre ou d'érotisme ? Le désir hétérosexuel lui-même est-il vraiment en rupture avec les désirs homosexuel, bisexuel ou polymorphe ? Tout comme l'homosexualité ou la bisexualité, l'hétérosexualité n'est-elle pas une polysexualité plutôt qu'un phénomène monolithique ? En ce sens, elle est toujours à réinventer ; encore faut-il que l'on se donne la permission de penser et d'agir autrement que le dicte la tradition.

Phénomène *queer* (« bizarre ») en lui-même : auparavant, les marginaux ou les marginalisés essayaient de ressembler à monsieur ou madame Tout-le-monde ; aujourd'hui, c'est monsieur et madame Tout-le-monde qui essaient de ressembler aux marginaux. Ainsi, des hommes dits hétérosexuels empruntent volontiers aux modes vestimentaires ou aux attitudes des gais, alors qu'il n'y a pas si longtemps, le nec plus ultra chez les hommes gais était de prendre les allures d'hypermachos (c'est ce qu'on a appelé le clone gai[3]). Le régime d'apartheid sexuel s'essouffle peut-être à mesure que les attributs physiques ou comportementaux des uns et des autres deviennent interchangeables. La fiction et le jeu des identités s'étalent peu à peu au grand jour. Il apparaît de plus en plus que non seulement nos catégories toutes faites n'ont rien de naturel ou d'universel, mais qu'elles donnent lieu à des jeux de rôles, à des rituels et à des « performances » contingentes, pour employer une métaphore chère à l'auteure américaine Judith Butler[4].

Le terme *queer* lui-même suggère la dissonance, le non-conformisme. Ses adeptes nous disent : « Rejetez les étiquettes – ou portez-les toutes », ce qui revient au même. Voulant montrer que le masculin, le féminin ou l'androgynie appartiennent à tout le monde, qu'il existe une infinité de façons d'être homme, femme ou tout simplement humain, que l'hétérosexualité et l'homosexualité ne sont pas des catégories fixes ou exclusives, ils annoncent peut-être un monde différent, où les identités sexuées ou sexuelles seront perçues comme multiples, fluides, labiles et surtout inventives. La diversité nous protège à la fois de l'ennui, de l'intolérance et de la rigidité des rôles sexuels.

Le défilé Divers/Cité (dénomination faisant ressortir la volonté des organisateurs de refléter la diversité d'une grande cité), qui se tient chaque année à Montréal, montre bien l'état d'esprit *queer*. Il constitue d'ailleurs le plus important défilé à se tenir dans la métropole (devançant parfois en assistance et en popularité le défilé de la Saint-Jean, la fête nationale). Des personnes de tous les âges, de tous les sexes et

---

3. M. P. Levine, *Gay Macho : the Life and Death of the Homosexual Clone*, New York, New York University Press, 1998.
4. J. Butler, *Gender Trouble*, New York, Routledge, 1990 et *Bodies That Matter*, New York, Routledge, 1993.

de toutes les tendances érotiques ou sexuelles (*queers*, gais, lesbiennes, bisexuel-le-s, travestis, transsexuel-le-s et hétérosexuel-le-s non conformistes ou sympathisants) proclament publiquement, dans une atmosphère de fête haute en couleur, leur fierté d'être ce qu'ils sont et leur plaisir de se rassembler sous le grand parapluie de la diversité sexuelle. Cet événement représente, à mon humble avis, un bel exemple de la mouvance *queer* : un sens de la solidarité et de la fierté, mais aussi de la fête, de l'humour, du dépassement des conventions étouffantes.

En somme, le courant *queer* souligne que le système actuel de classification de la sexualité en est un de contention et de restriction. Il est toutefois possible de s'en échapper, nos identités pouvant volontiers être plurielles, labiles, dissonantes, festives, inventives. Tous ceux et celles qui sont injustement opprimés ou infériorisés à cause de leur sexe, de leur genre ou de leur érotisme sont conviés à relever ce défi. Leur nombre et leur visibilité aboliront-ils la grande cassure entre une soi-disant majorité « normale » et ce que l'on appelle les minorités sexuelles ? Cela reste à voir. Le programme est ambitieux, mais ne dit-on pas que ce sont les utopistes qui changent le monde ?

CONCLUSION

Pour la diversité

Quoi qu'en disent les discours intégristes, qu'ils soient de nature politique, religieuse ou scientifique, la diversité n'est pas synonyme de marginalité, de perversité ou d'anormalité. Au contraire, c'est véritablement pervertir la notion même d'être humain que de nier le droit à la différence, à l'ambiguïté, à la singularité, bref à ce qui fait de chacun de nous un être unique. Célébrer les différences plutôt que les combattre est un des principes mêmes de la démocratie ; en matière de sexualité, nous commençons à peine à mettre de l'avant ce principe. Quels que soient son identité de sexe, de genre ou d'érotisme, chaque être humain a droit au respect (dans la même mesure qu'il respecte lui-même les autres, évidemment : il ne saurait être question d'avaliser les abus de ceux ou celles qui cherchent à imposer leurs désirs ou leur sexualité par des agressions, par exemple).

La vision constructiviste proposée dans cet essai nous convie à reconnaître les infinies équivoques, variations et possibilités qui font de toute personne sexuée un univers complexe. Il n'y a pas, il n'y a jamais eu et il n'y aura sans doute jamais de frontières étanches entre être un homme et être une femme, être masculin ou féminin, être hétéro ou homo. L'ambiguïté, la pluralité et parfois la fusion de ces identités sont des constantes historiques. Tous les intégrismes du monde ne peuvent rien y changer. Notre identité se trouve moins dans nos gènes ou dans nos organes génitaux qu'entre nos deux oreilles et dans les relations que nous tissons les uns avec les autres.

Les catégories sexuelles actuellement en vigueur – hommes / femmes, masculin / féminin, hétéros / homos – créent des figures types plutôt qu'elles ne révèlent quelque donnée naturelle que ce soit. Pour pousser plus loin l'idée choc de Simone de Beauvoir, on ne naît pas et on n'est pas homme ou femme, masculin ou féminin, homo ou hétéro : on le devient. On peut avoir l'impression qu'on découvre soi-même son sexe, son genre et son érotisme au fil de son existence. Or, c'est plutôt le contraire qui se produit. Notre identité est le résultat d'une construction sociale de la réalité : on devient ce qu'on croit être à travers notre perception de nous-mêmes et à travers le regard des autres. L'identité est une fiction rendue vraisemblable par sa confirmation incessante. Autrement dit, si l'on m'étiquette homme ou femme, masculin ou féminin, hétéro ou homo, je ne risque que davantage de le devenir, suivant pour ce faire les modèles proposés, plus ou moins préfabriqués. Notre identité est donc une co-construction à la fois personnelle et sociale. Nous nous soustrayons difficilement aux regards, aux jugements et aux étiquetages des autres, même quand nous cherchons à nous en démarquer. Les mots eux-mêmes que nous utilisons pour nous identifier sont très rarement de notre cru : ils obéissent à des conventions établies par l'Histoire et par l'usage. Transformer cette Histoire – le présent n'est-il pas l'Histoire de demain ? – est un patient travail personnel et collectif.

Hormis peut être le courant *queer*, encore embryonnaire, et quelques courants féministes particulièrement critiques[1],

1. L'ouvrage de Donna Laframboise, *The Princess at the Window : a New Gender Morality* (Toronto, Penguin Books, 1996) donne une bonne idée de la perspective féministe autocritique. En ce qui concerne plus spécifiquement la critique de la notion d'identité, Judith Butler a écrit un ouvrage pionnier, *Gender Trouble*, New York, Routledge, 1990.

peu de mouvements sociaux remettent radicalement en cause la question même des différences sexuelles et les intégrismes qui en découlent. Pourtant, les dichotomies opérées par la pensée binaire dans le domaine du sexe, du genre et de l'érotisme piègent la réflexion sur plusieurs questions importantes (cela va de la promotion de l'égalité des individus à la définition du couple et de la famille). Elles nous empêchent de (nous) penser autrement et de sortir ainsi des filets de l'apartheid sexuel et du fondamentalisme identitaire dont tant d'êtres humains cherchent aujourd'hui, fût-ce confusément, à se déprendre.

Comme le montre l'institution des personnes-aux-deux-esprits dans les cultures amérindiennes, il ne suffit pas qu'une culture soit neutre ou tolérante face à l'ambiguïté et à la diversité sexuelles. Elle doit également être en mesure de rationaliser les phénomènes qui en découlent et, surtout, de les intégrer de façon positive dans la vie culturelle, spirituelle, sociale et politique. Il faut obtenir non seulement l'égalité entre hommes et femmes, comme le réclame à bon droit le féminisme, mais aussi l'égalité des hommes entre eux et des femmes entre elles, quelles que soient leurs caractéristiques de genre ou d'érotisme.

Il convient par conséquent de se méfier comme de la peste du caractère condescendant et infériorisant du concept de « minorités sexuelles » accolé à tout ce qui sort prétendument du rang. Il ne sert qu'à singulariser le vécu de ceux et celles qui, consciemment ou non, s'écartent des prescriptions d'un intégrisme qui a tout avantage à diviser pour régner. Il n'y a pas de minorités sexuelles parce qu'il n'y a pas de majorité sexuelle. C'est une fiction qui sert à conserver l'hégémonie d'une pensée binaire et fondamentaliste, laquelle divise le monde en deux : les « vrais » et les (plus ou moins) tarés, version moderne des bons et des méchants, des purs et des impurs, des normaux et des anormaux.

Bien que l'on puisse refuser de se laisser emprisonner par la tradition, on n'efface pas aisément des siècles de tradition intégriste en matière de sexualité. Ce combat exige le recours à deux stratégies en apparence opposées, mais cependant complémentaires. La première est une stratégie de résistance : elle consiste à refuser l'enfermement dans des identités qui balisent nos vies et restreignent nos possibles. Les révolutions minuscules, à l'échelle des individus, sont sans doute les plus efficaces. Se libérer des pièges du sexe, du genre et de l'érotisme, c'est accepter de découvrir le monde autrement, à partir de ses propres intérêts, curiosités et besoins (éléments qui sont par ailleurs susceptibles d'évoluer tout au long de notre existence). Cela ne veut pas dire qu'il faille forcément refuser d'être homme ou femme, masculin ou féminin, hétéro ou homo ; il s'agit plutôt de prendre suffisamment de recul par rapport aux catégories imposées pour en arriver à les remettre en question, voire à les subvertir, au besoin. Cela implique que nous puissions volontiers nous jouer (dans le sens de nous moquer) des rôles qui nous sont assignés, comme le ferait par exemple un comédien de théâtre ou de cinéma : il sait qu'il peut merveilleusement jouer tel rôle, mais qu'il peut aussi utiliser ses talents à contre-emploi. Que sont en effet les identités sexuelles ou sexuées telles que nous les connaissons actuellement, sinon des rôles que nous avons appris tant bien que mal depuis l'enfance ? Ne pouvons-nous pas élargir l'éventail des possibles ? Ne sommes-nous pas en mesure, tout au moins, d'ajouter un brin d'inventivité, de contestation ou de folie dans notre « performance » habituelle, selon nos envies, nos attirances et nos valeurs ? N'existe-t-il pas d'innombrables façons d'être (ou de ne pas être) homme ou femme, masculin, féminin ou androgyne, hétéro, bi ou homo, pour employer encore une fois les termes consacrés par le fondamentalisme identitaire ? N'est-il pas possible d'innover dans nos façons non seulement d'être, mais aussi de nous penser et de nous définir, tournant la page sur des idéologies qui nous oppriment de la manière la plus insidieuse qui soit, c'est-à-dire dans notre intimité ?

La résistance à la rectitude sexuelle est le défi quotidien de ceux et celles qui refusent les carcans des mots, des catégories, des étiquettes et des identités toutes faites et, ce faisant, réinventent qui ils sont. Ce sont des personnes de tous les âges, de tous les sexes, de tous les genres et de toutes les préférences sexuelles qui ont compris que les concepts d'hier étaient depuis longtemps désuets, périmés, caducs. Ce sont véritablement des résistants, car leur combat n'est pas sans leur en coûter. En associant ambiguïté et diversité sexuelles à perversité et à déviance, les zélateurs de l'intégrisme identitaire font ce que les régimes totalitaires ont de tous temps fait de leurs dissidents : les mettre hors d'état de nuire en les présentant comme fous, pervers et dangereux.

La seconde stratégie requise en est une d'offensive politique. La résistance personnelle suffit rarement à modifier une société. Le mot « offensive » n'est pas trop fort, car il y a guérilla véritablement contre le conservatisme toujours triomphant. Le territoire de l'intimité est occupé par une armée de mercenaires (en particulier tous les entrepreneurs de morale et de normalisation) qui entendent déposséder les esprits et les corps de leur ambiguïté et rendre invisible la diversité. C'est de cet état de siège dont nous devons nous libérer, prisonniers que nous sommes de l'ignorance, de la bêtise et du prêt-à-porter idéologique que l'on nous impose en matière de sexualité. C'est en définitive d'une nouvelle révolution sexuelle qu'il s'agit, axée non pas sur la commercialisation du sexe ou sur la valorisation de la performance érotique (comme le fut en grande partie la précédente), mais sur la reconnaissance de l'ambiguïté et sur le respect de la pluralité.

Revendiquer l'égalité des êtres sexués (comme le font les mouvements féministes et gais quand ils ne donnent pas dans les intégrismes qu'ils combattent), adopter un vocabulaire qui soit inclusif de toutes les tendances et de toutes les identités (comme le propose le courant *queer*) et surtout promouvoir des politiques et des pratiques sociales qui consacrent le respect des différences, ce sont là des incontournables. Légitimer la diversité des sexes, des genres et des érotismes est une affaire à la fois individuelle, collective et politique.

Malheureusement, c'est une question rarement abordée de bon gré par les hommes ou les femmes politiques. Les questions qui tournent autour de la sexualité sont presque toujours considérées trop sensibles et trop complexes. Raison de plus pour ne pas s'y dérober ! Notre intimité et notre identité ne sont-elles pas au cœur de notre vie ? Je me méfie des politiciens qui nous promettent des lendemains qui chantent en se montrant incapables de gérer le présent de façon à reconnaître la richesse de la diversité humaine.

La valorisation de la diversité exige des conditions minimales. L'éducation, les lois, les manières mêmes de nommer les amours, les couples et les familles doivent rapidement évoluer. Par exemple, le terme « couple » ne devrait plus désigner forcément une union formée d'un homme et d'une femme. Il existe des couples de femmes, des couples d'hommes et des couples formés d'individus au sexe indéfinissable. Il existe aussi des personnes (qu'elles soient bisexuelles, homosexuelles ou hétérosexuelles) qui choisissent de partager leur vie et leur intimité avec plus d'un partenaire. Enfin ce que nous appelons notre famille est de plus en plus composée des personnes qui sont significatives pour nous, que nous soyons ou non liés par le sang ou les alliances.

Amour, couple et famille n'ont pas de sexe, de genre ou d'orientation sexuelle. Il est par exemple ridicule de parler de couples ou, pire, de familles ou de ménages homosexuels, lesbiens ou hétérosexuels. Ne serait-il pas plus juste de parler de couples ou de ménages composés de personnes de même sexe ou de sexes différents ? Quant aux familles, je ne vois pas comment l'érotisme des parents pourrait servir à qualifier leurs enfants ou même les relations que les parents ont avec ces derniers : il est invraisemblable de parler, comme je l'ai entendu encore récemment à la radio et à la télévision, de familles homosexuelles ou lesbiennes.

Il est évident que la reconnaissance de la diversité donnera lieu à des configurations identitaires, amoureuses et familiales sinon nouvelles, du moins plus visibles. Cela ne manque pas d'inquiéter les conservateurs de droite et de gauche réunis sous la bannière intégriste. Pour ma part, je crains moins les surprises ou même les dérives de l'ambiguïté et de la pluralité sexuelles que ce refus obstiné de nos sociétés à les reconnaître et les intégrer. Comme l'a amplement montré le passé, il y a beaucoup plus à craindre des idéologies sectaires, intolérantes et intégristes que du respect de la diversité.

Grâce en bonne partie au mouvement féministe, l'instauration de l'égalité entre hommes et femmes va bon train. C'est toutefois insuffisant. La prochaine étape devra assurer l'égalité des principes féminin et masculin ou, mieux encore, l'abolition même de cette dichotomie. Ce que nous définissons comme le masculin et comme le féminin sont des caractéristiques humaines qui n'ont pas à être associées *a priori* à un sexe ou à un autre. Tant que cette dichotomie persistera et tant que la prétendue supériorité du masculin sur le féminin qu'elle implique durera, le sexisme continuera, en particulier dans l'éducation des enfants, amenés encore et toujours à penser selon les principes du fondamentalisme identitaire.

Le jour où nous craindrons moins les androgynes, les entre-deux, les hommes féminins, les femmes masculines, les transgenrés, les transsexuels, les travestis, les personnes homosexuelles ou bisexuelles et les *queers* de toutes tendances que ceux qui, par leurs discours intolérants et leurs pratiques sectaires, leur rendent la vie impossible, nous aurons fait un grand pas vers une humanité meilleure, riche de sa diversité. Loin de nous apeurer, la pluralité sexuelle devrait plutôt nous rassurer en nous rappelant que, si différents que nous soyons les uns des autres, nous avons tous notre place dans la famille humaine.

Un tel message n'est-il pas d'ailleurs l'un des plus généreux que nous puissions transmettre aux générations présentes et futures ? Combien de déclarés marginaux préfèrent se suicider ou encore éviter le rejet, réel ou anticipé, des autres dans des fuites en avant et des abus de toutes sortes ? Le sort des jeunes dissidents du sexe, que ce soit en vertu de leur androgynie, de leur homosexualité, de leur bisexualité, de leur féminité ou leur masculinité non conformiste, n'est guère réjouissant. Ils sont non seulement les cibles des bien-pensants, mais aussi les victimes de la honte qu'ils finissent par intérioriser[2]. La pleine intégration sociale de la diversité sexuelle est une question de justice et de santé mentale pour nous tous, qui que nous soyons. Nos ressemblances nous confortent ; nos différences nous apprennent. Surtout, notre sexe, notre genre et notre érotisme sont des occasions d'exploration et de découverte de soi et des autres qui peuvent faire de la vie une aventure ouverte. Pas un enfer.

Il reste beaucoup à faire sur les plans conceptuel, théorique, militant ou politique pour changer les paradigmes établis en matière de sexualité. La logique binaire du fondamentalisme identitaire conditionne à ce point notre représentation de nous-mêmes et des autres qu'il faudra sans doute plusieurs générations avant d'en arriver à penser et à vivre autrement. Tout un pan des sciences humaines, des lois et des pratiques sociales est à revoir. Mais comment ne pas être optimiste quant aux chances de succès de cette révolution ? N'est-elle pas déjà commencée ?

---

2. Par exemple, le suicide chez les adolescents ou chez les jeunes hommes qui vivent des désirs homosexuels ou encore qui s'estiment « trop » féminins est un phénomène inquiétant : ils seraient beaucoup plus susceptibles de commettre des actes suicidaires que les autres. Voir notamment à ce sujet l'ouvrage de Gary Remafedy, *Death by Denial*, Boston, Alyson, 1994.

Table

Autres ouvrages parus dans la même collection

Boily, Pierre-Yves, *Psys, thérapeutes et autres sorciers. Les secrets de la psychothérapie et de la relation d'aide.*

Chabot, Marc, *En finir avec soi. Les voix du suicide.*

Chabot, Marc, et Sylvie Chaput, *À nous deux ! Hommes et femmes : la fin du combat ?*

Demczuk, Irène, et Frank W. Remiggi (dir.), *Sortir de l'ombre. Histoires des communautés lesbienne et gaie de Montréal.*

Dorais, Michel, *Ça arrive aussi aux garçons. L'abus sexuel au masculin.*

Dorais, Michel (avec une collaboration de Denis Ménard), *Les Enfants de la prostitution.*

Dorais, Michel, *L'Homme désemparé. Les crises masculines : les comprendre pour s'en déprendre.*

Dorais, Michel, *Les Lendemains de la révolution sexuelle.*

Dorais, Michel, *La Mémoire du désir. Du traumatisme au fantasme.*

Dorais, Michel, *Tous les hommes le font. Parcours de la sexualité masculine.*

Émond, Ariane, *Les Ponts d'Ariane.*

Geadah, Yolande, *Femmes voilées, intégrismes démasqués.*

Séguin, Christian André, *Une enfance trahie. Sans famille, battu, violé.*

Welzer-Lang, Daniel, *Arrête ! Tu me fais mal ! La violence domestique, 60 questions, 59 réponses...*

Welzer-Lang, Daniel, et Jean-Paul Filiod, *Les Hommes à la conquête de l'espace... domestique. Du propre et du rangé.*

Welzer-Lang, Daniel, Pierre Dutey et Michel Dorais (dir.), *La Peur de l'autre en soi. Du sexisme à l'homophobie.*

CET OUVRAGE
COMPOSÉ EN PALATINO CORPS 11 POINTS SUR 13
A ÉTÉ ACHEVÉ D'IMPRIMER
LE DEUX SEPTEMBRE
MIL NEUF CENT QUATRE-VINGT-DIX-NEUF
SUR LES PRESSES DE TRANSCONTINENTAL
DIVISION IMPRIMERIE GAGNÉ
À LOUISEVILLE
POUR LE COMPTE DE VLB ÉDITEUR.

IMPRIMÉ AU QUÉBEC (CANADA)